親子で楽しむ

12ヵ月のキッズイベント

kids event

辰元草子

はじめに

こんにちは。アニヴァーサリー・プランナーの辰元草子です。この本を手にとってくださった方の中には、「アニヴァーサリー・プランナーって?」と思われる方もいらっしゃると思いますので、この場をお借りして簡単に自己紹介をさせてください。

私の仕事は、子どものお誕生会や季節のイベントをはじめとする記念日を楽しく過ごしていただくアイディアやプランを紹介することです。2年前には、お誕生会の開き方のアイディアを集めた『簡単なのにセンスがいい!　はじめてのお誕生会』という本を出させていただきました。そしてこの度、お誕生会だけでなく、子どもと過ごす季節のイベントも楽しく思い出深いものにしてほしい!　という思いから、この本ができました。

家族のイベントやパーティを一緒に楽しんできた長女も早いもので中学生となり、お友達と過ごす時間が多くなりました。それはそれで成長と思いつつ、改めて「子どもと過ごす時間」の短さを感じます。でも、楽しい思い出を一緒に過ごしてきたからこそ、親離れし成長していく娘を頼もしく見守れる気がします。今では、お友達とのサプライズパーティや文化祭でこれまでのイベントの経験が大活躍していると聞き、これからはお友達とも楽しい思い出をたくさん作ってほしいと思います。

クリスマスと同じくらい楽しいイベントとして定着したハロウィンをはじめ、イースターも少しずつイベントとして楽しむ方が増えてきているようです。また、お正月やひな祭り、こどもの日も是非伝えていきたい日本ならではのお祝い、行事ですね。

子どもとこうしたイベントを過ごすことで、四季を知り、日本や世界の文化に好奇心を持って楽しむきっかけになってくれたらと思います。イベントの由来などもこの本で紹介していますので、簡単でいいので子どもたちに話してあげてください（実は私たち大人の雑学勉強にもなるんですよ！）。

この本では、月ごとにさまざまなイベントをパーティにした過ごし方を提案していますが、イベントの内容によっては違う月に行っても構いません。たとえば６月の「ムービーパーティ」を寒くてこもりがちな冬に行ってもいいですし、７月の「バーベキューパーティ」を気候のいい春や秋に行っても構いません。

料理やデコレーションのアイディアも同じです。本書で紹介しているバナー（三角や四角い旗のついた帯状の壁飾りのこと）は使う色さえ替えればどんなパーティにも使えますし、料理も「そのイベント限定のもの」ではないので、他のイベントに用いても構いません。

ここでご紹介するのはあくまでも「一例」。ママのアイディア次第で、お得意の料理にアレンジしたり、オリジナリティあふれるイベントパーティを作り上げていってください。

この本が、そのお手伝いとなればこんなにうれしいことはありません。

どうぞ素敵なイベントをお過ごしください。

2013年3月

アニヴァーサリー・プランナー　辰元草子

contents

＊ 誌面には、竹串やようじが出てきます。お子さんが使用する際は、大人が目を離さず、充分に注意をした上で使用するようお願い致します。
＊ 100円ショップ、300円ショップの商品は、店舗や入荷状況によって取り扱いがない場合があります。
＊ 本書に記載している商品の値段はすべて税込み価格です。
＊ 撮影に使用した商品でクレジット表記のないものは、著者の私物です。そのため、現在は入手できないものもあります。クレジット表記のあるものの問い合わせは78ページの協力店リストを参照してください。
＊ 料理の分量は子ども1人分です。

Column 1

イベント＆パーティを開くときのタイムスケジュール

たとえパーティ初心者のママでも、全体の流れを事前に把握しておくと先を見通すことができ、無理なく準備が進められますよ。

3～1週間前

□パーティの日時を決める。
□招待するお友達を決め、そのお友達のママにメールか電話でお知らせする（小学校中学年～高学年の場合は、子どもたちだけの話し合いでもOK。ただし必ず相手のママに確認を取ることを忘れずに）。
□プレゼントのルールやドレスコードなどがある場合も、このとき相手にお知らせする。

2～1週間前

□パーティメニューを考える。子どもが食べ慣れたメニューで、メイン1品、サイド2品を目安に。
□ケーキが必要な場合は、どんなものにするか決める。
□飾りつけに必要な材料（風船、画用紙、両面テープ、ハロウィンやクリスマスならイベントにちなんだグッズなど）を準備する。

6～2日前

□輪飾りやバナー、フラワーボールなど、必要な場合は作り始める。
□お菓子などを買い揃えておく。

前日

□部屋の飾りつけをする。事前に作っておいたバナーや輪飾りを壁に貼り、風船に空気を入れ、テーブルの配置を変える場合も、前日に済ませておく。
□料理を用意する場合は、作り置きが可能な料理（コロッケのたねなど）を準備する。食器も人数分、出しておくといい。

当日

□食べ物を仕上げる（盛りつけが必要な場合、食材が乾かないよう子どもたちが到着する寸前に盛りつけて）。
□ケーキを仕上げる。またはケーキ屋に取りに行く。
□テーブルクロス、皿、カップ、カトラリーを並べる。

〝パーティ会場〟が出来上がったら、子どもと自分の身支度を調え、お友達を迎える準備をしましょう。

パーティが始まってからの流れ

お出迎え

お友達が集まったら、まず最初にママからイベントの趣旨や文化的な意味を簡単にお話ししてあげましょう。意外なほど子どもたちは興味を持ち、いろいろと質問してきます。

お昼を食べるのであれば12時から、午後から始めるなら14時スタートがいいでしょう。

最初に全員で記念写真

せっかく手作りしたパーティですから、飾りつけや料理が並んだテーブルの前に子どもたちを座らせたり立たせたりして記念撮影を。

食事

食器は割れる心配のない紙皿か、プラスチック製、またはメラミンのものが◎。また、食べ物や飲み物をこぼしてしまったときのために、タオルの用意も忘れずに。

アクティビティ

全員で楽しめるゲームや、ケーキデコレーションを楽しみましょう。

終了

いきなり終わらせるのではなく、お開きの時間はあらかじめ子どもたちに知らせておくといいでしょう。パーティ時間の目安は、2時間と考えて。

1月

january

お正月

「今年もよろしくね」。そんな思いをこめて、新年はお友達をお招きしてみませんか。写真のようなカラフルな会場も、画用紙や100円ショップで買った風船を上手に用いれば、簡単にできます。

01

市販のカップケーキを使って、簡単ガレット・デ・ロワ

中にフェブといわれる陶器の人形を仕込んで焼いたパイ菓子「ガレット・デ・ロワ」。切り分けたとき、このフェブが当たった人は幸福が続くといわれています。ここでは、市販のカップケーキとアーモンドを使ったものを紹介します。

02

画用紙を ランチョンマット代わりに

A4サイズの画用紙をランチョンマット代わりに敷き、紙皿とプラスチックフォークをセットしただけ。パーティのあとは捨てるだけなので、洗う手間も省けます。

03

"貼るだけ" 風船デコレーション

風船を壁に貼っただけで、パーティ会場らしさがぐっと高まります。他のパーティでも使えるデコレーションテクニックなので、覚えておくと便利です。

NEW YEAR PARTY

04

お菓子は種類別に盛る

数種類のお菓子を出すとき、大皿に全種盛るのではなく、種類別に小皿やコップに盛ってから大皿にのせるとごちゃつかず、テーブルの上に置いたとき、きれいです。

05

意外なほど盛り上がる! 手作り福笑い

日本のお正月の伝統的な遊び「福笑い」。子どもたちにパパやママ、お友達の顔でパーツを作らせて遊びます。こうした昔からの遊びも、ぜひ取り入れて。

作り方はp10-11参照 →

january

1月　お正月パーティの開き方

01 ガレット・デ・ロワ風 カップケーキ

■材料（4人分）
市販のカップケーキ4個
アーモンド1粒
泡立てた生クリーム、泡立てたココアクリーム、
　スプリンクル各適量
アクリルボード（縦13 ×横35㎝）1枚
ペティナイフ

パノラマ写真が入るアクリル製のフォトフレームをトレーとして使用。著者は、「無印良品」で購入。

スプリンクルとは、色がついた砂糖などでできたケーキ用デコレーション材料のこと。彩りを添えるのに役立つ。CKスプリンクル ミニパステルコンフェッティ（73.7g）525円／ナッツデコ

作り方

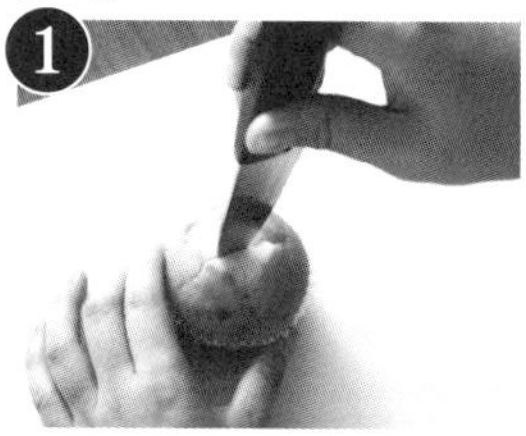

❶ 4個あるカップケーキのうち、1個の真ん中に、ナイフで切り込みを入れる。

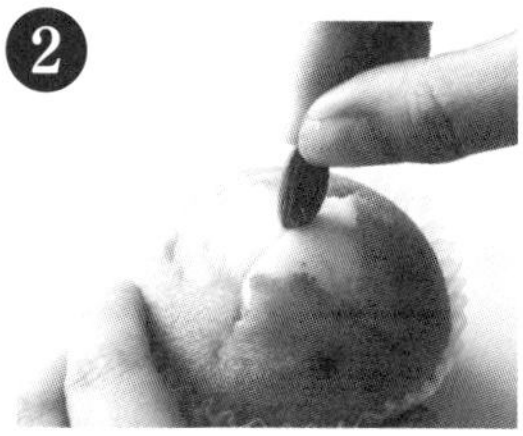

❷ ①の切り込みにアーモンドを入れる。

❸ 4個あるカップケーキのうち2個は生クリーム、残り2個にはココアクリームを絞り、それぞれにスプリンクルを振りかける。

❹ アクリルボードの上に、生クリームとココアクリームが交互になるようにのせる。

02 テーブルセッティング

■材料
A4サイズの画用紙
白い紙皿
プラスチックフォーク
プラスチックカップ
　（フタ・ストローつき）

画用紙をランチョンマット代わりに敷き、紙皿とフォークをのせる。ランチョンマットの右上にカップを置く。

カラフルなプラスチックカップ、著者は「トイザらス」で購入。5個で約500円と安く、色合いがポップで目を惹くので、さまざまなパーティに活用できる。

03 風船デコレーション

■材料
風船
養生テープ
風船専用の空気入れ

1

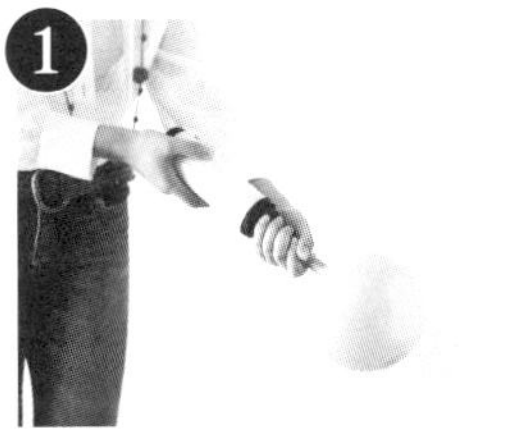

専用の空気入れで、風船をふくらます。

2

風船に養生テープを丸めて貼る。

3

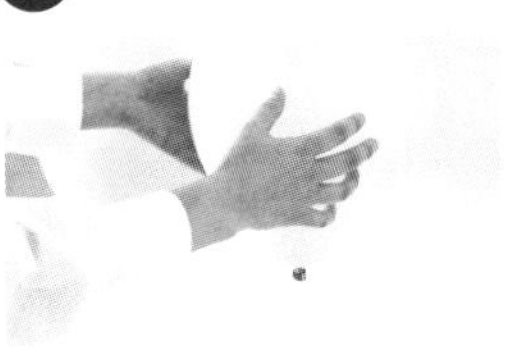

テーブルの背後の壁に、ランダムに貼っていく。

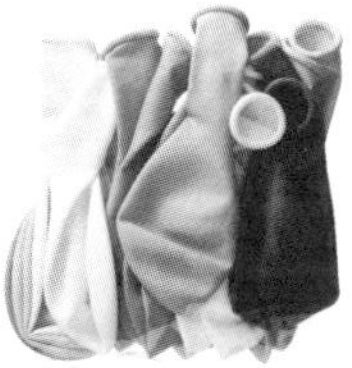

風船は100円ショップのもので充分。さまざまな色が入ったアソートパックが便利。カラーふうせん　パーティバルーン（15個入り）105円／ザ・ダイソー

ガムテープよりもはがしやすく、壁などに跡がつかない養生テープ。ホームセンターで取り扱いがある。

風船専用の空気入れ。最近では100円ショップでも売っている。

04 お菓子の盛りつけ方

■材料
サラダボウル
コップ
紙ナプキン
「ポッキー」など棒状の菓子
ポップコーン

1

サラダボウルに紙ナプキンを敷き、コップに盛りつけた「ポッキー」などの菓子を入れる。

2

まわりにポップコーンを入れる。

05 福笑い

■材料（1人分）
画用紙2枚
クレヨン
はさみ

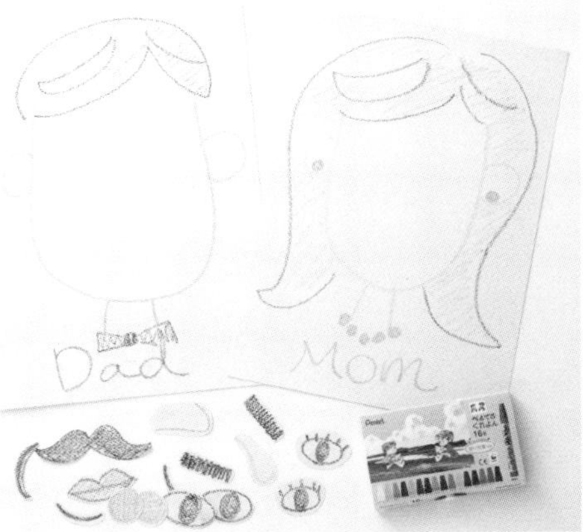

画用紙のうち1枚には顔の輪郭を描く。残りの1枚にクレヨンで目・眉・鼻・口などを描き、はさみで切り取る。※画用紙はどんなサイズを使ってもいい。撮影ではA3サイズの大きなものを使用。

2月

february

バレンタイン

子どもたちにも1つのイベントとして楽しまれるようになったバレンタイン。
この日は特別に、甘いものを解禁！　赤をメインカラーに、
ピンクと紫を差し色に使った華やかな会場にしましょう。

Happy Valentine

06

“つけて食べる楽しさ”が魅力的 チョコレートフォンデュ

食べる楽しさが味わえる、子どもたちに人気のチョコレートフォンデュ。盛りつけにハートの器やピックを取り入れることで、バレンタインらしさがアップします。

07

市販のスポンジを使って “ハートケーキ”に

市販のスポンジケーキを少しカットしただけで、オリジナルのハートケーキが完成。ケーキの上にはベリーをたっぷりのせて、テーマカラーである赤とリンクさせます。

09

ハートのランチョンマットは、
画用紙製

ハートのランチョンマットは、画用紙にフリーハンドでハートの形を描き、切り取っただけで完成。合わせる紙皿は水玉模様ではなく、白い紙皿でも構いません。

08

テーブルのアクセントになる
キャンディータワー

棒つきキャンディーとゼリービーンズで作るキャンディータワーは、テーブルの飾りとしても活躍します。他のパーティでも使える、盛りつけのデコレーションです。

ハートのランチョンマットは
壁飾りにも使用

ハートのランチョンマットの裏に丸めた養生テープをつけ、ランダムに壁に貼っただけ。赤とピンクで作りましたが、どちらか1色だけでも構いません。

作り方はp14-15参照 →

february

2月 バレンタインパーティの開き方

06 チョコレートフォンデュ

■材料（5人分）
市販のチョコレート 200g
いちご、マシュマロ、
　キウイ（ひと口大に切ったもの）、
　パイナップル（ひと口大に切ったもの）各5個
ココット1個
ハートのピック10本

ハートのピックは、著者が輸入生活雑貨店「PLAZA」で購入したもの。雑貨屋や100円ショップでも買える。

ココットとは、耐熱性と深さのある、直径10㎝程度の調理用の皿のこと。「バレンタイン」のテーマに合わせ、ここでは「ル・クルーゼ」のハート形ココット「ラムカン・ダムール」を使用。

作り方

❶チョコレートは粗く刻み、湯せんにかけて溶かし、ココットに入れる。❷いちご×マシュマロ、キウイ×パイナップルの組み合わせにして、それぞれピックでさす。❸平皿の上に①と②をのせる。ピックにさしたフルーツやマシュマロを①のチョコレートにつけていただく。

07 ハートのベリーケーキ

■材料（1個分）
市販のスポンジケーキ1台
いちご横に輪切りにしたもの6個分・
　縦半分に切ったもの5個分
泡立てた生クリーム 200mℓ分
ハートのチョコ8個
ラズベリー、ブルーベリー各適宜
ブレッドナイフ
クリームヘラ

作り方

1

スポンジケーキの円の上（写真参照）に、2㎝の切り込みを入れる。この切り込みを中心に左右のスポンジを切り落とし、ハート形にする。

2

土台になるスポンジケーキにクリームヘラ（ない場合はディナーナイフでも可）で生クリームを塗り、輪切りにしたいちごを並べ、さらに生クリームを塗る。残りのスポンジをかぶせる。

3

クリームヘラで②全体に生クリームを塗っていく。

4

いちばん上に縦半分に切ったいちごを円形に並べる。
これだけでもいいが、余力があれば〝いちごの円〟の中にラズベリーをハート形に並べ、真ん中にブルーベリーをのせてもいい。まわりにハートのチョコを並べる。

08 キャンディータワー

■材料
棒つきキャンディー 1 本
発泡スチロール製のブロック 1 個
ギフトボックス 1 個
ゼリービーンズ、ハート形のゼリービーンズ各適量

作り方

1

発泡スチロール製のブロックに棒つきキャンディーをさす。

2
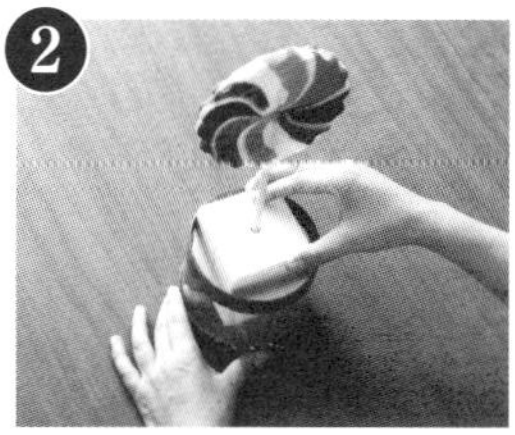
①をギフトボックスに入れる。

3

ブロックが見えなくなるまで、ゼリービーンズを入れる。

4

いちばん上にハート形のゼリービーンズを散らす。

棒つきのハードキャンディーは、パーティのときテーブルのアクセントになり、お土産としても喜ばれる。著者は、「スウィートファクトリー」で購入。

棒つきキャンディーをさした、発泡スチロール製のブロックは、100円ショップ「ザ・ダイソー」の DIY コーナーで見つけたもの。

円柱形のギフトボックスも100円ショップ「ザ・ダイソー」で購入。

おしみなく使える大容量のゼリービーンズは、会員制倉庫型スーパーマーケット「コストコ」で購入。

09 ハートのランチョンマットと壁飾り

■材料
B4サイズの画用紙
（赤・ピンク・紫など）
えんぴつ
はさみ

作り方

1

画用紙を縦に 2 つに折る。

2

折ったまま、ハートの半分の形をえんぴつで描く。

3
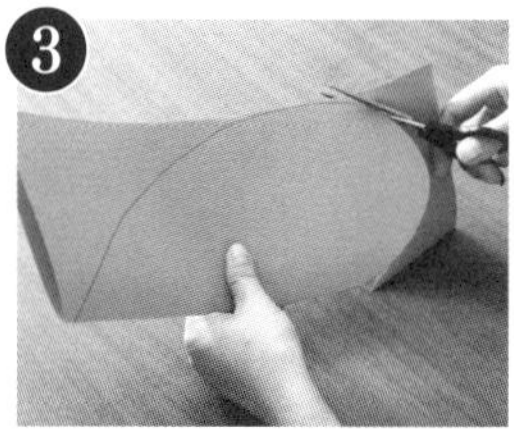
えんぴつで描いた線に沿って、はさみで切る。広げてランチョンマットとして使う。

● 壁飾りとして使うときは……

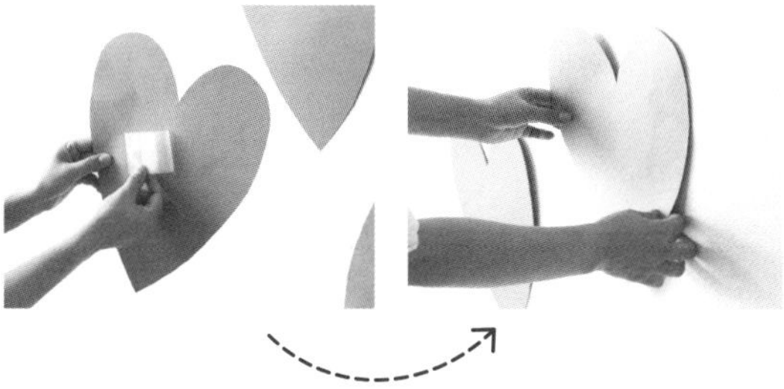
養生テープ（11 ページ参照）かガムテープを丸めたものを、ハート形に切った画用紙の後ろに貼り、壁にランダムに貼る。

february

2月

バレンタイン アクティビティの作り方

10

ロリポップクッキーを作って、
パパへのお土産にしましょう

市販の丸いクッキーをミニマシュマロやチョコレートで飾り、〝お花〟にします。作り上げた作品は、一人一人の個性が出るので、世界でたった一つのプレゼントになります。

10 ロリポップクッキー

小学生以下の子どものときは、
ママが〝土台のロリポップクッキー〟を
作ってあげましょう。※ロリポップは棒つきのこと

■材料（1人分）
市販の丸形クッキー2枚
木製マドラー1本
チョコペン各色

木製マドラーは大型雑貨店やネットショップなどで購入できる。

作り方

① 

クッキーの裏にチョコペンを塗り、木製マドラーを置く。

② 

もう1枚のクッキーをかぶせ、3分ほど待ってくっつける。

子どもたちに遊ばせるときのポイント

デコレーションアイテムは、スプリンクル（ケーキ用の飾り砂糖）やミニサイズのカラフルなマシュマロ、チョコレートなど用意。手に取りやすいよう、小さい器に入れて。チョコペンは耐熱性のコップに80度くらいの湯を入れ、そこに浸けてすぐに使えるようにしておくと便利。ただしやけどには気をつけて。

チョコペンをのり代わりにして、ロリポップクッキーにマシュマロやチョコを貼りつけていく。

ラッピングの仕方

■材料
出来上がったロリポップクッキー1本
ギフトボックス1個

ロリポップクッキーが入る、長細いギフトボックス。著者は輸入生活雑貨店「PLAZA」で購入。バレンタイン時期になると100円ショップや雑貨店でも、この形の箱は売り出される。

作り方

① 

デコレーションしたものが落ちたりしないよう、そっと箱に入れる。

② 

完成！

市販のチョコもオリジナルラベルにしてギフトに！

市販の板チョコも、包み紙をこんなふうにかわいい紙に替えるだけで立派なギフトに変身します。イニシャルシールで相手の名前の頭文字を貼っても。

わが家の
イベントの過ごし方

ママとなり家族が増え、気づくと１年でさまざまなイベントを楽しんでいます。

新年会にはじまり、春はお花見、夏は流しそうめんにバーベキュー。秋から冬にはハロウィン、クリスマス、年越しと続きます。

実はこれらのイベントを楽しむようになったのは、パパたちのおかげ。幼稚園時代のママ同士のお付き合いが、いつの間にかパパたちまで意気投合し、家族ぐるみのお付き合いに。子どもだけでなく、親である私たちも楽しめるパパたちが考えるイベントは、バーベキューやハロウィンなど今では地域の人たちも参加する大きなイベントになっているものもあるほど！

どのイベントも楽しんでいるわが家ですが、その中でも大切にしているのは１年の締めくくりにやってくるクリスマス。お友達と集まるパーティと親族で過ごすパーティの２つが恒例となっています。

お友達と開くクリスマスパーティは、友人宅を会場にみんなで料理を持ち寄ります。誰かがギターを弾けば、みんなで歌い、フラを踊るパパやママがいたりとかなりにぎやか。中でも盛り上がるのがプレゼント交換。子どもと大人は別に行うのですが、〝大人のプレゼント交換〟は家庭に眠っている名品（引き出物の壺など）を見えないようにラッピングし、景品にします。けっして欲しいものが当たるとは限らないスリルがたまら

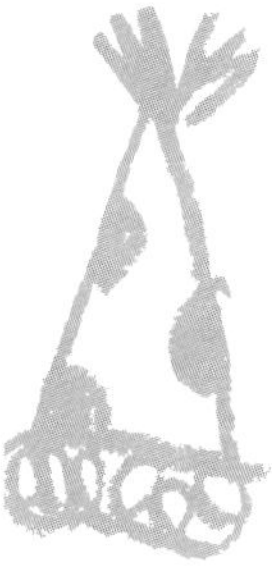

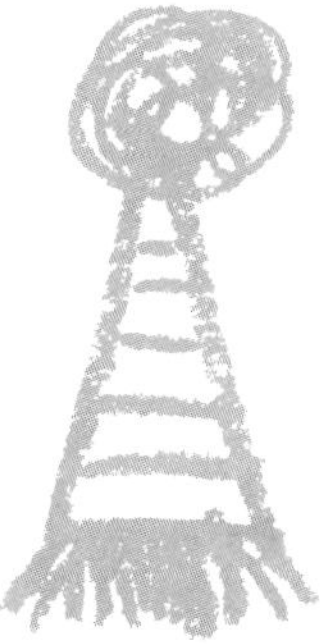

ず、毎年みんなで大笑い。

友達と大騒ぎしたあとは、夫の実家で行われる恒例のクリスマスに参加します。玄関のドアには義父が手作りした、庭のキウイのつるを使ったリースがかけられ、リビングには２ｍを超えるクリスマスツリーが飾られます。

義父は元パイロットで、駐在先で経験したアメリカ人家庭のクリスマスの素晴らしさが忘れられず、以来、こうした本格的なクリスマスを自宅で行うようにしています。

私が辰元家の一員になって今年で17年。最初は７人だったディナーも、今では14人の大所帯。14人分の食事やテーブルを用意するのは大変ですが、最近では、娘たちもお手伝い出来るようになり、普段使いと違う銀器の扱い方やテーブルセッティングを叔父や叔母たちから学んでいます。

そしてこの日のメインは10㎏を優に超えるターキー。朝から義母たちとターキーの中に詰めるスタッフィング作りをし、オーブンで焼き具合を見ながらほかの料理も作っていると……あっという間に３～４時間経過。クリスマスのテーブルが完成し、このターキーが焼けた夕方５時ごろ、クリスマス用の服に着替え、みんなで写真を撮ります。

私が「パーティが始まる前に、テーブルの前に全員集合して写真を撮って」とおすすめするのは、夫の実家でのこのクリスマスパーティが原点なのかもしれません。

3月

march

ひな祭り

3月3日のひな祭り。女の子の健やかな成長を祝う春の行事です。和の行事ですが、気軽にできるよう洋風にアレンジ。食事をしながら、ひな祭りの由来などもお話ししてあげてください。

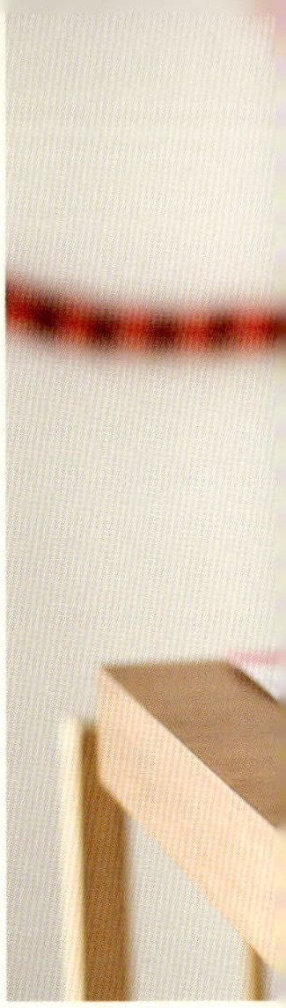

11

**市販のお菓子を飾るだけ！
ケーキアクティビティ**

生クリームを塗っただけのケーキを用意（「桃の節句」に合わせて、生クリームもピンクに色づけ）。これを子どもたちの好きなように、お菓子でデコレーションさせます。

デコレーション材料も
かわいく盛りつけ

ケーキを飾るマシュマロやラムネ菓子は、2段トレーや小さい器に入れてテーブルに置きます。メインカラーの邪魔にならない、白かガラス製の器がおすすめです。

食事や飲み物にもテーマカラー
のピンクを取り入れて

食べ物や飲み物、お菓子も、できる範囲でパーティのテーマカラーに合わせると、テーブルの上に置いたとき統一感が取れ、おしゃれに見えます。

Girl's Festival

300円の造花で作った
花かごに、カトラリーを入れて

ときには、カトラリーはかごやカップに盛り、各自取るラフなスタイルにするのもおすすめ。ワイヤーのかごは雑貨店で買ったもの。

簡単輪飾りで、壁も華やかに

幼稚園でも作り方を習う輪飾り。慣れ親しんだ飾りも、パーティに取り入れて。赤とピンクの2色で作りましたが、メインカラーのピンク1色だけでも構いません。

→輪飾りの作り方は75ページに

作り方はp22-23参照 →

march

3月　ひな祭りパーティの開き方

11 桃色ケーキ

■材料（1 個分）
シフォンケーキ（なければ市販のスポンジケーキでも可）1 台
泡立てた生クリーム 200mℓ分
水で溶いた食紅（赤）付属のスプーンで 2 杯
※食紅は表示どおりに水で溶いておく。
泡だて器
クリームへラ
ケーキをのせる皿

食紅はごく少量で色づく。生クリームの色づけなら、水で溶いたものを付属の小さなスプーンで 2 杯使うだけで充分。

作り方

❶
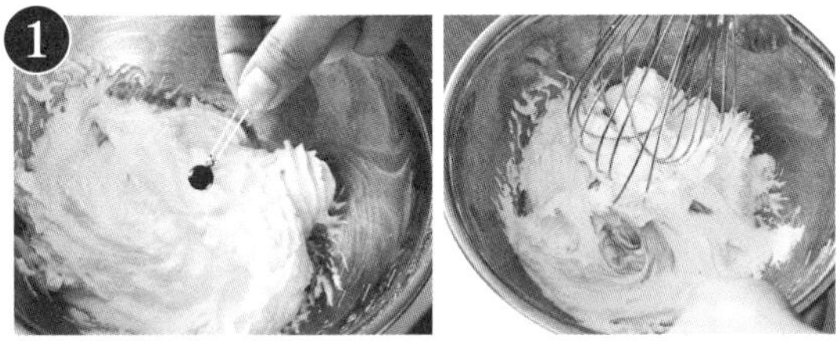

泡立てた生クリームに、水で溶いた食紅を入れ、よく混ぜ合わせ、桃色にする。

❷

ケーキ全体に①のクリームを、クリームへラ（ディナーナイフでも可）で塗る。

❸

②のケーキを皿にのせて出す。あとから子どもたちに飾りつけをさせるので、パーティが始まるときは、この状態で出す。

12 A ミニ押し寿司

■材料（4 人分）
酢めし（普通のご飯でも可）ご飯茶碗 2 杯
塩もみしたきゅうりの輪切り 1 本分
みじん切りにしたハム 2 枚分
スライスチーズ 1 枚
イクラ 4 粒
ガラスココット
ラップ
型ぬき（花形）

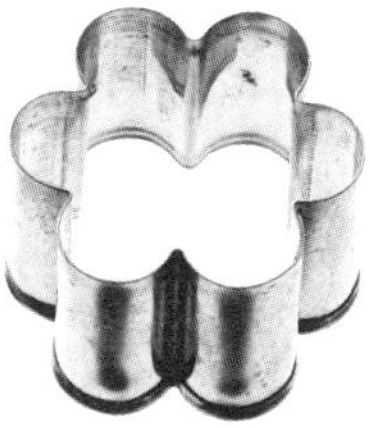

花形の型ぬきなら、100円ショップでも手に入る。

作り方

❶
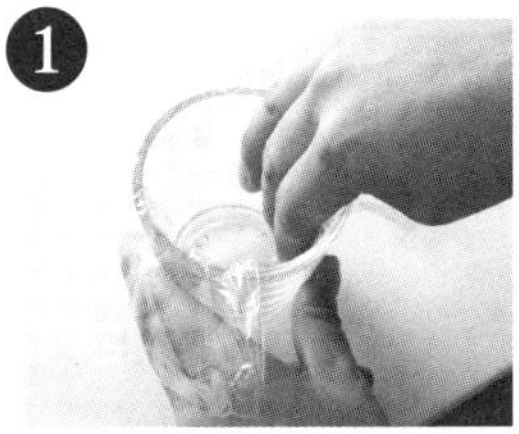

ガラスココット（ここでは直径 6 ×高さ 4.5cmのものを使用）にラップをかぶせる。

❷

みじん切りにしたハム→酢めし→きゅうり→酢めしの順に入れて、層にする。出来上がったら、皿などをかぶせてひっくり返し、中身を出す。

❸
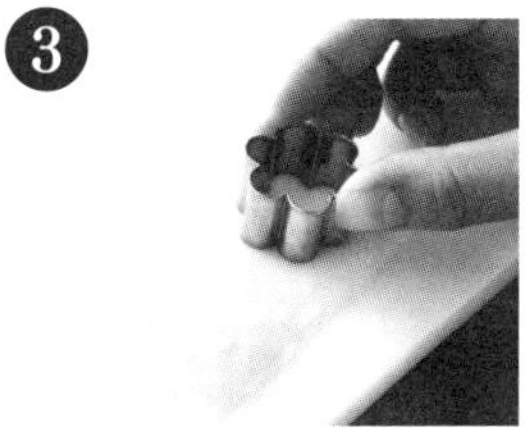

スライスチーズを型ぬきで抜く。

❹

②に花形に抜いたチーズとイクラをのせる。

12 B ひと口 かぼちゃサラダ

■材料（4人分）
かぼちゃサラダ適量
（ポテトサラダでも可）
ラップ
サラダ菜適量
れんげ

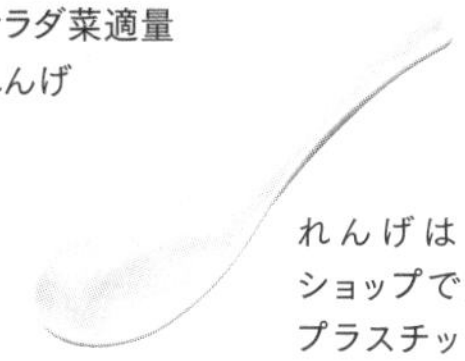

れんげは100円ショップで買ったプラスチック製のものを使用。

作り方

1

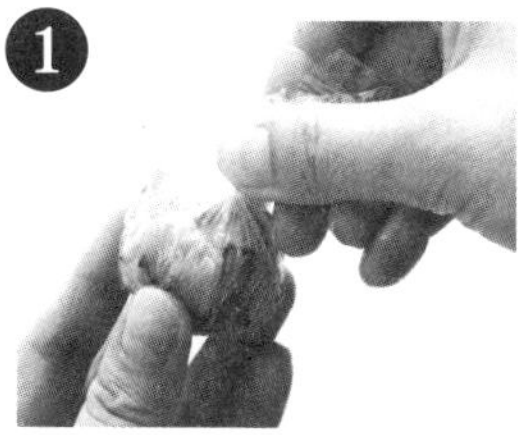

かぼちゃサラダはラップでくるみ、直径2㎝くらいのボール形にする。

2

サラダ菜を敷いたれんげの上に①をのせる。

ミニ押し寿司・ひと口かぼちゃサラダ、市販のチキンナゲットは、割れにくいメラミンのお皿に盛りつけ。盛りつける皿も、パーティカラーのピンクが使われているものにするとまとまりが出る。

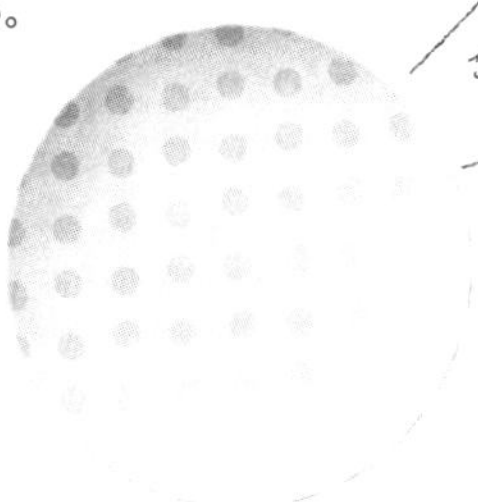

このお皿に盛りつけました

12 C プリンセスソーダ

■材料（4人分）
サイダー適量
ミックスベリー（冷凍）適量
プラスチック製のワイングラス（組み立て式）
リボン

カップと脚の部分が取り外せる。大型雑貨店や輸入食材を扱うスーパーマーケットで購入できる。

作り方

1

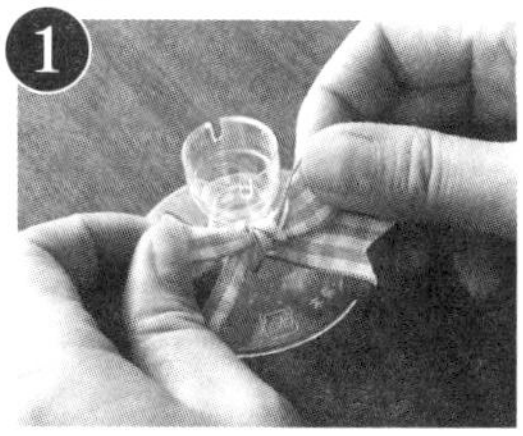

脚の部分にリボンを巻く。

2

グラスを組み立てる。

中には……
冷凍のミックスベリーを入れ、サイダーを注げばピンク色に染まったおしゃれなドリンクの出来上がり。

13 A 花かご

■材料
持ち手つき・アイアン製のかご1個
（雑貨店で購入）
造花2束
紙ナプキン

造花は300円ショップ「CouCou」で315円で購入。3本で1束になっているからボリュームがある。「CouCou」の造花は発色がきれいでおすすめ。

作り方

1

かごの片側に造花を入れる。

2

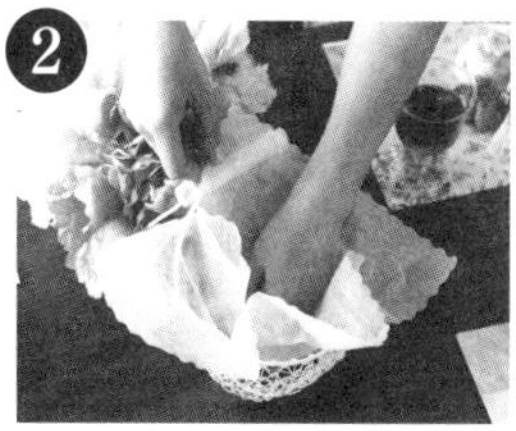

空いている片側に紙ナプキンを広げて敷く。最終的にここにカトラリーを入れる。

13 B カトラリーの デコレーション

■材料
木製フォーク
紙ナプキン
リボン

木製フォークは、どこに売っている？

やわらかい雰囲気になる木製フォークは、スーパーマーケットやネットショップで購入できる。

作り方

1

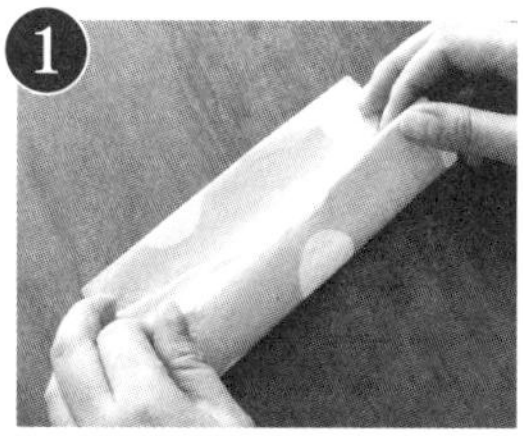

紙ナプキンは3等分に折る。

2

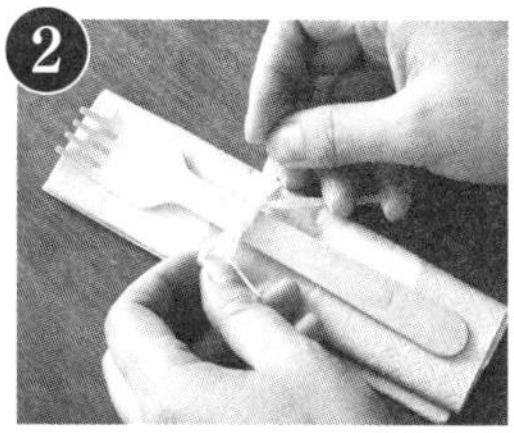

①の上に木製フォークをのせ、真ん中をリボンで結ぶ。

4月 イースター

april

イースターとはキリスト教の復活祭のこと。「春分の日の後、
最初の満月の次の日曜日」に行うのが正式ですが、
訪れた春を祝うイベントとして３月末〜４月初旬に楽しみます。

Easter party

14

市販のタルトもちょうちょのピックで春らしく

100円ショップで売っている半透明の折り紙を使い、ピックを作製。買ってきたケーキに高低差をつけてさすだけで〝春のケーキ〟の出来上がりです。

15

フラワーボールの天井飾りで空間を演出

幼稚園の行事などで使われる「フラワーペーパー」を使って作る花飾りを天井から吊るします。フラワーペーパーの色を変えれば、さまざまなパーティで使えます。

→フラワーボールの作り方は
74ページに

16

イースターエッグは、ゆで卵を使って簡単に

〝本物のイースターエッグ〟を作るのは大変なので、ゆで卵を使い、クレヨンでお絵かき。300円ショップのインテリア小物の鳥かごに入れてテーブルに飾ります。

カップにもちょうちょを留まらせて

ケーキにさしたピックにも使った紙のちょうちょを、カップやお皿にもランダムに貼ると喜ばれます。こうした小さな演出もパーティには大切。

17

画用紙とマスキングテープで作る、卵形ランチョンマット

イースターのシンボル「卵」をかたどった画用紙のランチョンマットは、マスキングテープを貼ることで立体感が出て、かつ華やかに。

18

かご盛りでサーブ。ちょうちょの型ぬきサンドイッチ

ちょうちょの型ぬきがない場合、最近では比較的手に入れやすくなったうさぎ形にしても。うさぎはイースターの代表的なモチーフの１つです。

作り方はp26-27参照 →

4月 イースターパーティの開き方

14 ちょうちょ形の紙

■材料
折り紙（トレーシングタイプのもの）
両面テープ（5㎜幅）
えんぴつ
はさみ

作り方

1 77ページの型紙「ちょうちょ」を、折り紙にえんぴつで転写する。普通の折り紙の場合、転写できないので、大体大きさを合わせ、フリーハンドでちょうちょの形を描いて。

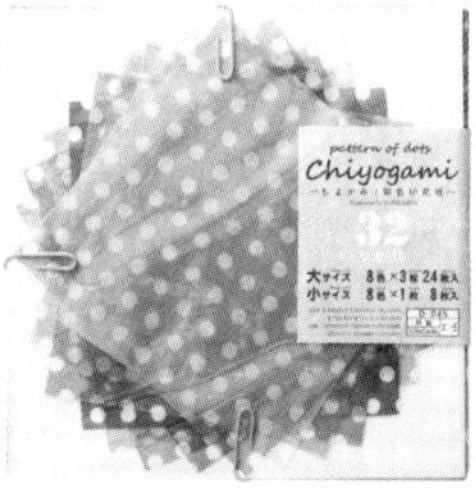

折り紙は、100円ショップ「ザ・ダイソー」で売っている「千代紙トレーシングドット柄」を使用。透けた紙なので、ピックにして使うとテーブル上が軽やかな装いになる。なければ普通の折り紙でOK。

2 描いたちょうちょの形をはさみで切り取る。

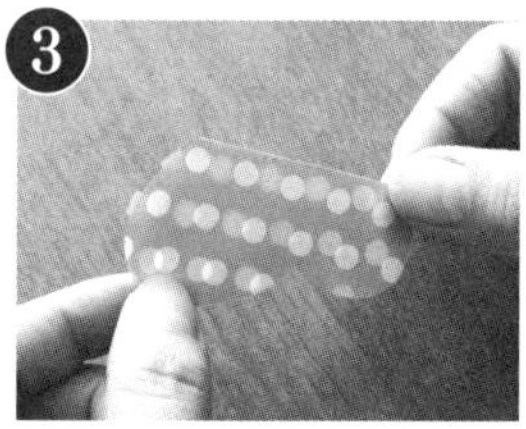

3 切り取ったちょうちょを半分に折る。こうすることで立体的になる。

4 折り目に両面テープを貼る。

● 竹串につければピックに

竹串の長さを変えて作れば、ケーキや食べ物に複数さしたとき、高低差が出て立体的になる。

● そのままテーブル上の皿やグッズに貼って

ケーキがのったお皿や飾りで置いた鳥かご、カップに貼れば華やかなアクセントに。

15 フラワーボールの天井への飾り方

■材料
完成したフラワーボール
養生テープ

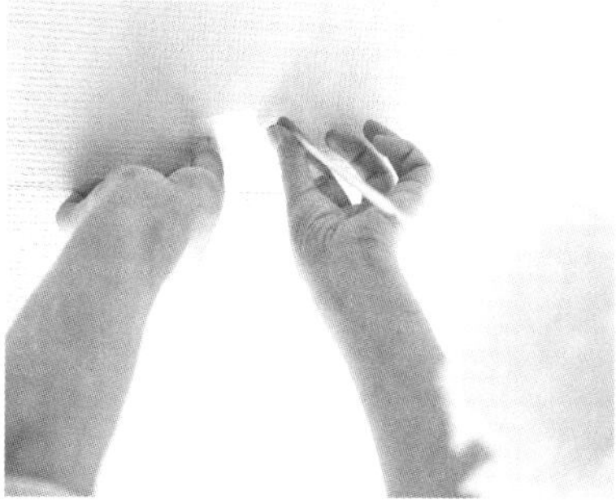

天井に「L字形」にリボンを置き、養生テープで貼る。

16 簡単 イースターエッグ

■材料
ゆで卵
クレヨン

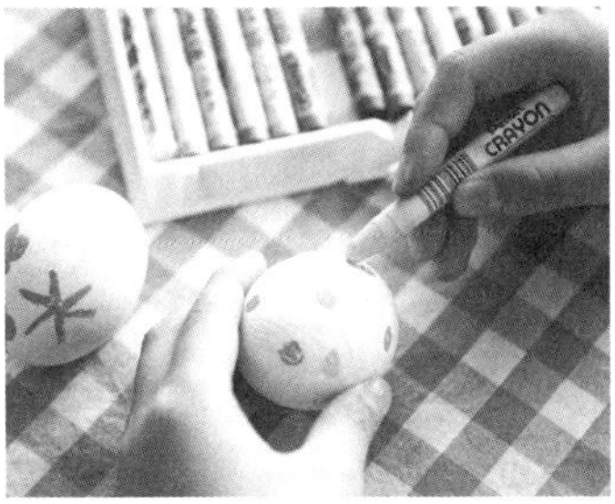

ゆで卵に、クレヨンで子どもたちに好きなように絵を描かせて。

エッグスタンドは専用のものではなく、おままごと用のグラスを利用。これは北欧家具店「イケア」で購入したもの。

ゆで卵を入れた鳥かごと鳥かごの下に敷いた人工芝は、300円ショップ「3COINS」で、ともに315円で購入。

17 イースターエッグのランチョンマット

■材料
B4サイズの画用紙（黄、黄緑、白など）
マスキングテープ３種（2cm幅のものを１本と、1cm幅のものを色違いで２本）
※なければ１種類でもいい。

撮影で使用したマスキングテープは、人気ブランド「キャスキッドソン」のもの。最初から色と柄があった３つがセットになっている。著者は大型文具店で購入。

作り方

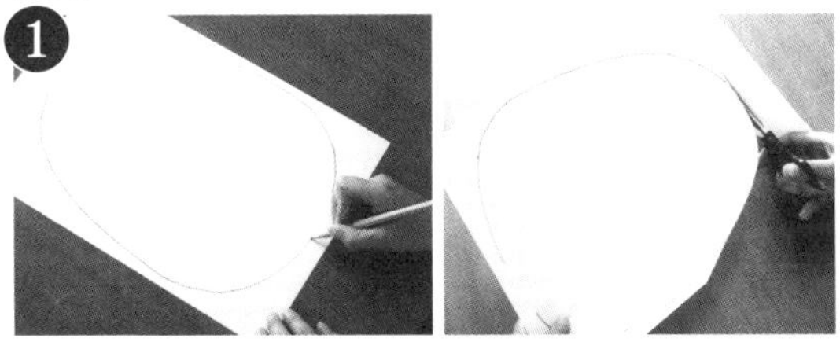

画用紙いっぱいにフリーハンドで、卵の形を描く。描いた線に沿って、はさみで切る。

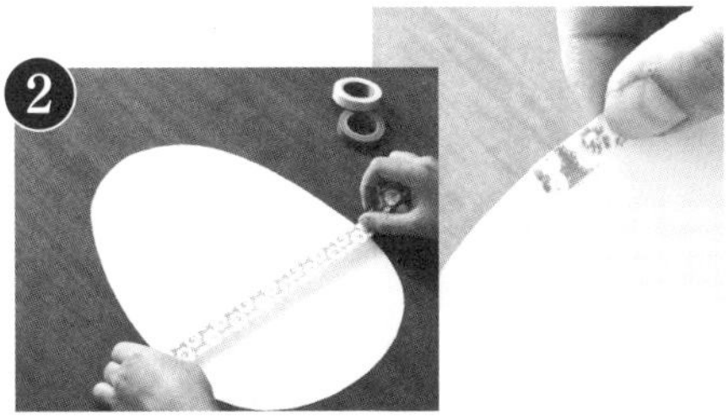

卵形に切った画用紙のいちばん太い部分に、太いマスキングテープを貼る。端は裏に折り込むときれい。

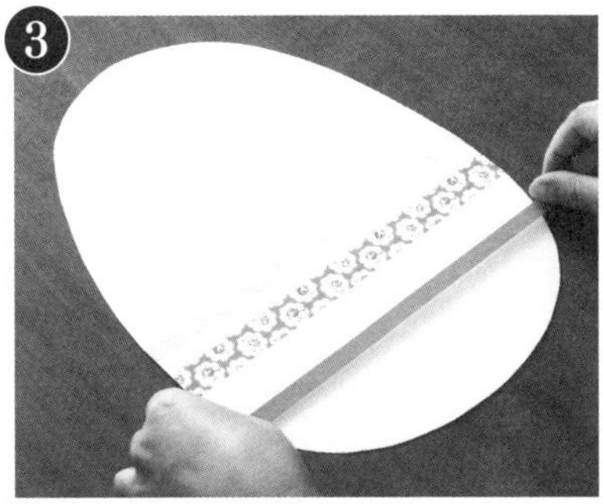

②で貼った太いマスキングテープの上下に、細いマスキングテープを貼る。

18 ちょうちょのサンドイッチ

■材料
サンドイッチ
ちょうちょのクッキー型

ちょうちょの形をしたクッキー型は、著者がホームセンターで偶然見つけたもの。ただし珍しいので、スーパーマーケットなどでも手に入る「うさぎ形」を使っても、イースターらしいのでおすすめ。

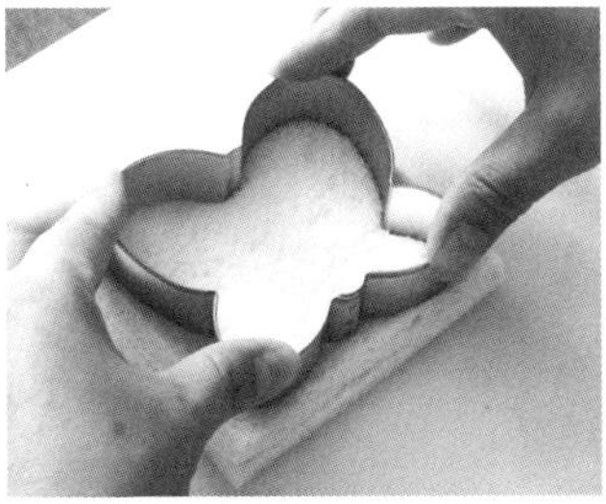

出来上がったサンドイッチを、ちょうちょのクッキー型で抜く。

5月

may

海賊パーティ

5月5日のこどもの日。映画の影響から、子どもたちの間で
すっかり人気になった海賊をテーマにしたパーティを開いてみませんか。
海賊らしくドレスコードも「ボーダーシャツ」に！

20

パイナップルボートの海賊船

カットフルーツは、パイナップルをくりぬいて作った器に盛りつけて。ストローと画用紙で作った、帆を立てます。

19

手づかみで丸ごと食べられる！骨つきハンバーグ

ごぼうの〝骨〟がついたハンバーグは、海賊らしくダイナミックに手づかみで食べてください。子どもたちに大人気のメニューです。

23

バナーは２列飾ることで、にぎやかな雰囲気に

風船のバナーと旗のバナー。２列にして飾ることで、パーティ会場らしさがぐんとアップします。もちろんどちらか１種類だけ飾っても構いません。

→風船バナーの作り方は 74 ページに

21

おにぎりは紙ナプキンで包んで、〝宝物〟風に

おにぎりもそのまま出しては楽しくないので、丸く握って紙ナプキンで包み、宝物のようにします。このひと手間が、パーティを盛り上げるコツです。

22

画用紙とクレヨンで簡単に！名前入りランチョンマット

黒い画用紙に白いクレヨンで、お友達の名前を書いただけ。テーブルに黒のアイテムを取り入れると、かっこよくなるので男の子向けのパーティのとき、おすすめです。

PIRATE PARTY

作り方はp30-31参照 →

may

5月　海賊パーティの開き方

19 海賊ミート

■材料（４人分）
下ゆでしたごぼう２本
ハンバーグのタネ 400g
パプリカ（黄・赤）各１個
塩、こしょう、サラダ油各適量

作り方

1

ごぼうはそれぞれ２等分に切る。ハンバーグのタネ 100g を一人分とし、ゆでたごぼうに巻きつける。

2

パプリカは型ぬきで星形に抜く。

3
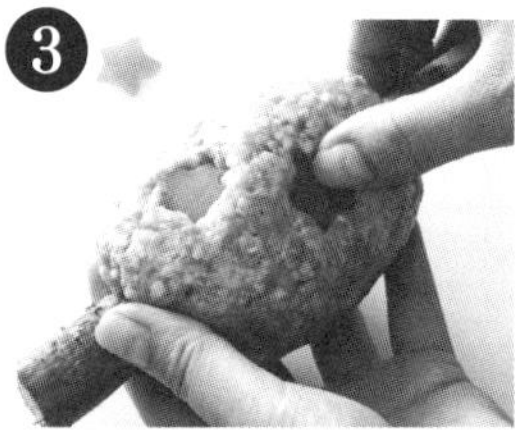
①に②を貼りつけ、油をひいて熱したフライパンでまんべんなく焼く。

20 パイナップルボート

■材料
パイナップル（葉つき）１個
カットフルーツ（オレンジ、キウイなど）適量
ブルーベリー適量

<旗の材料>
画用紙（黒）１枚
赤いストロー１本
マスキングテープ（赤）
はさみ
ピンキングばさみ

● パイナップルをくりぬく

作り方

1

パイナップルを横にし、葉の手前で実を切り落とす。

2
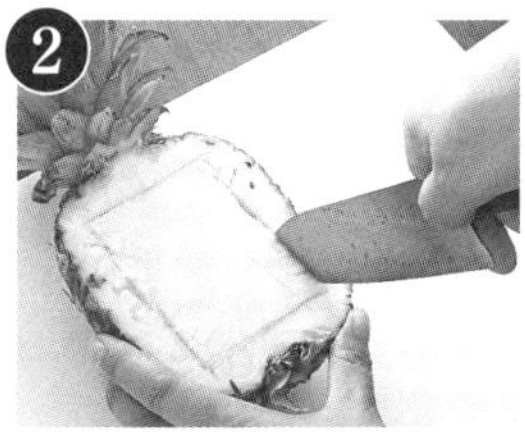
実の部分に四角く切り込みを入れる。

3

②の中心線から左右斜めに切り込みを入れ、三角形に実を切り、取り出す。

4

残った中心の〝出っぱり〟も切る。

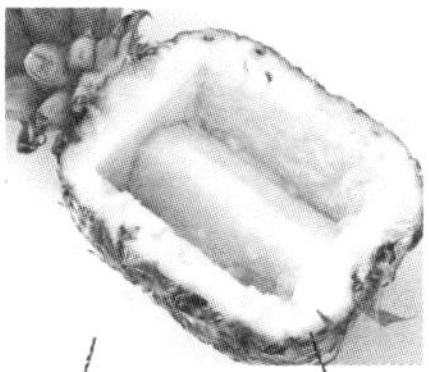
くりぬいたあとは
こういう状態に

5

中にひと口大に切ったフルーツを入れる。くりぬいたパイナップルもひと口大に切って入れ、ブルーベリーを散らす。

● 帆を作り、立てる

6
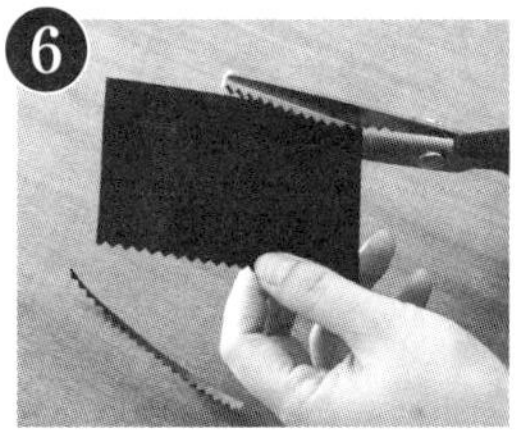
黒い画用紙を名刺サイズ（縦７×横 10㎝）にはさみで切る。長い辺のほうをピンキングばさみで切る。

7
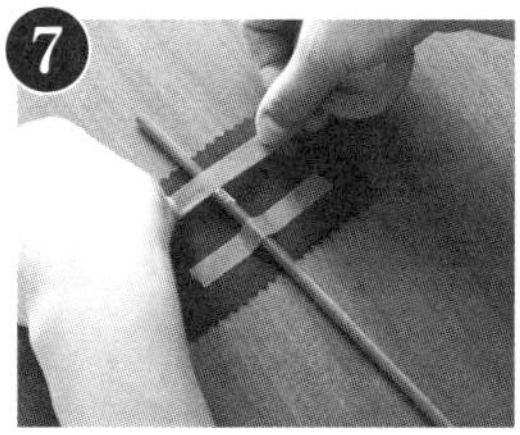
⑥の真ん中に赤いストローを置き、マスキングテープで留める。

8
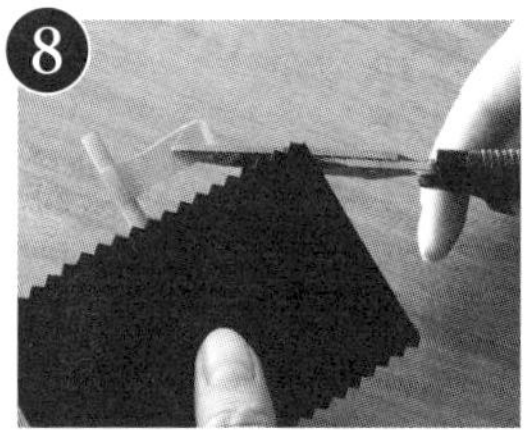
飛び出したストロー部分にマスキングテープを旗のように貼り、先端をＶ字にはさみで切る。

9

⑤のパイナップルボートに立てる。

21 お宝おにぎり

■材料（4人分）
丸く握ったおにぎり（ラップに包んだもの）
4個
紙ナプキン（四つ折りのもの）1枚
はさみ
ラッピング用のワイヤー

作り方

1

紙ナプキンを開き、折り目に沿って4つに切る。

2
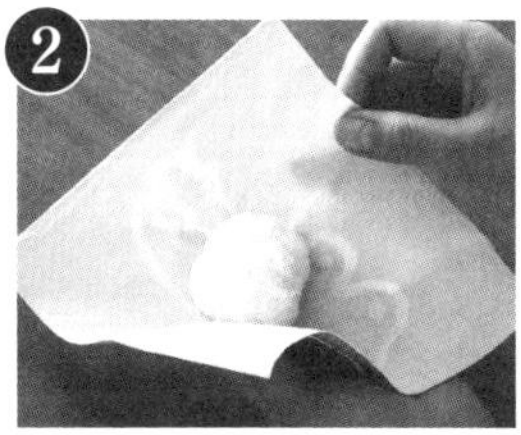
①の上におにぎりをのせ、包む。

3
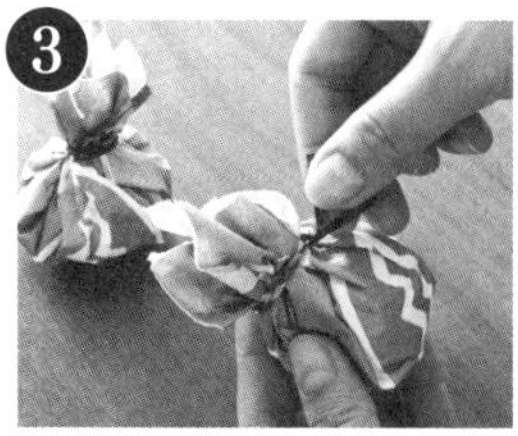
ワイヤーで結ぶ。

22 豆サラダ

■材料（4人分）
市販の豆サラダ 200g
プチトマト4個
国旗のピック4本
プラスチック製の惣菜容器4個

惣菜容器の中に豆サラダを盛り、プチトマトをさしたピックを真ん中にさす。

ピックとは、〝飾りのついたようじ〟のこと。国旗のピックは、雑貨屋やスーパーマーケットなどで購入できる。

● パーティフードはピックで飾ろう

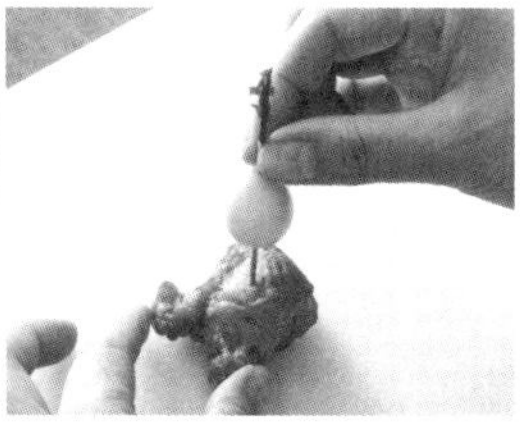
食材にピックをさすと華やかになり、パーティらしさが演出できる。そのまま食材にさすのではなく、間にうずらの卵や輪切りにしたきゅうり、プチトマトなどをはさむと彩りも増してよりおしゃれになる。

23 フラッグバナー

■材料
B4サイズの画用紙（青・紫・緑・黄・オレンジ）各1枚
はさみ
穴あけパンチ（2つ穴タイプ）
ピンキングばさみ
細いリボン
養生テープ

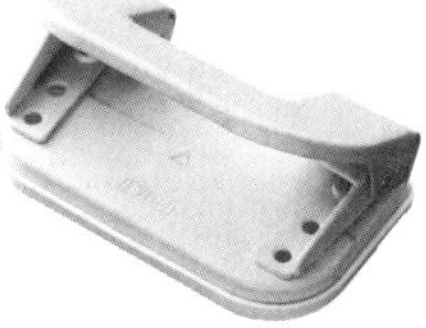
2つ穴の穴あけパンチは、文房具店で購入できる。

作り方

1
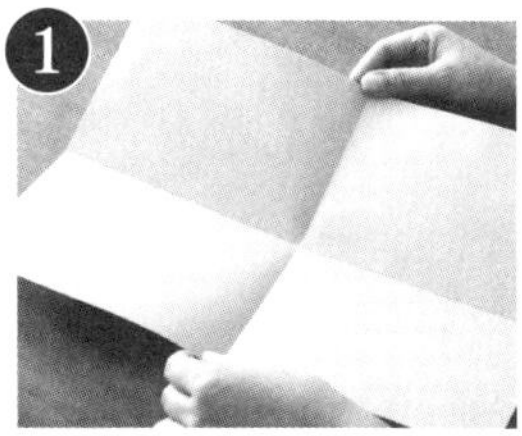
画用紙を4等分になるように折る。

2

折り目に沿ってはさみで切る。

3
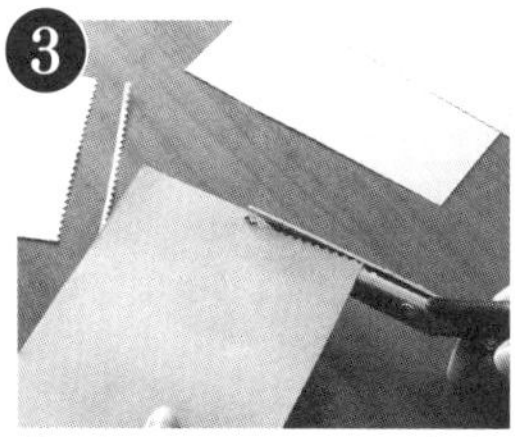
②の短い辺をピンキングばさみで切る。

4

③のもう一方の短い辺に、穴あけパンチで穴を開ける。①～④の作業を全色の紙で繰り返す。※撮影では5色使ったが、1色でも2色でもOK。できる範囲でやること。

5

④をリボンに通していく。すべての紙を通したら、リボンの左右に養生テープ（もしくはガムテープ）をつけ、壁に貼る。

may

5月

海賊パーティアクティビティの作り方

24 A

24 B

〝なりきり変装グッズ〟は、100円ショップのフェルトで手作り

海賊気分をさらに盛り上げてくれるひげや眼帯。こうしたパーティグッズは、測ったり下絵を描いたりして正確に作る必要はないので、気負わず挑戦してみてください。

〝吹き戻し〟など、その場で遊べるおもちゃを置いても

「吹き戻し」は、駄菓子屋さんなどで売られていた昔ながらのおもちゃですが、実はアメリカでも定番のおもちゃ。キッズパーティのときによく使われています。「西友」などで購入。

「顔ペン」は、大型雑貨店で購入可能。1本約500円。ドーラン（練りおしろい）で出来ているので、石けんで洗えば簡単に落ちる。

顔専用のペンで、〝傷〟も作れる

子どもたちは、非日常の〝変装〟が大好きです。ときにはこんなパーティグッズも利用してみるのも楽しいもの。傷やひげを描いてみてはどうでしょう。

海賊の〝ひげ〞と〝眼帯〞を作る材料は、どちらも同じ

■材料
フェルト（黒）
はさみ
せんまい通し
細いゴム

フェルトは 100円ショップで買うのがお得

パーティで使うグッズは材料は安価なほうがうれしい。フェルトも 50 × 50㎝で 105円という破格値で売っている。使うときは 25㎝四方の正方形にあらかじめ切っておくと使いやすい。／ザ・ダイソー

せんまい通し

紙や布に小さな穴を開けるための道具。「目打ち」という名称もある。文房具店やホームセンター、100円ショップで購入できる。

24 A ひ　げ

完成!

作り方

1

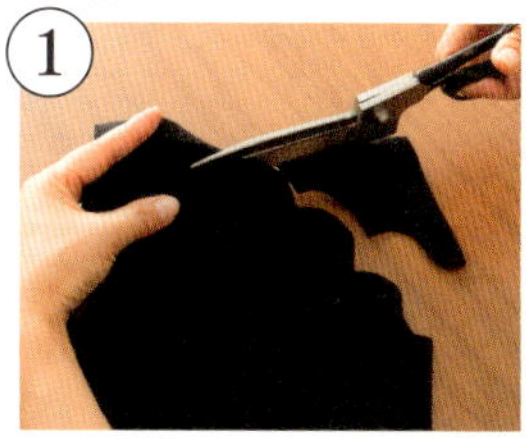

左の完成したひげを参考に、フリーハンドでフェルトをひげの形に切る。

2

①の左右にせんまい通しで穴を開ける。

3

耳にかけられるよう、ゴムをつける。

24 B 眼　帯

完成!

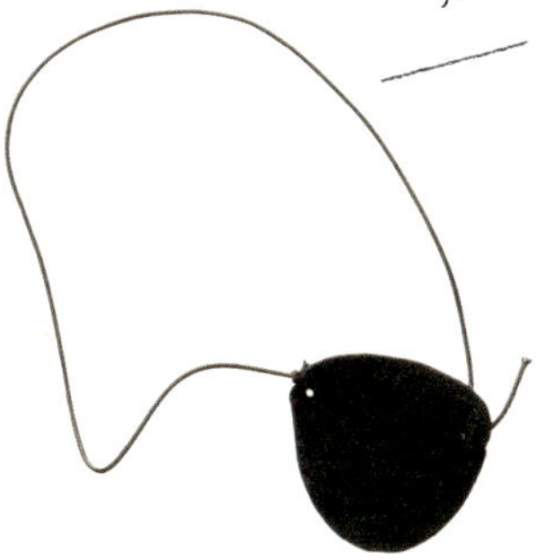

作り方

1

右の完成した眼帯を参考に、フリーハンドでフェルトを楕円形の眼帯の形に切る。

2

①の左右にせんまい通しで穴を開ける。

3

顔にかけられるよう、ゴムをつける。

4

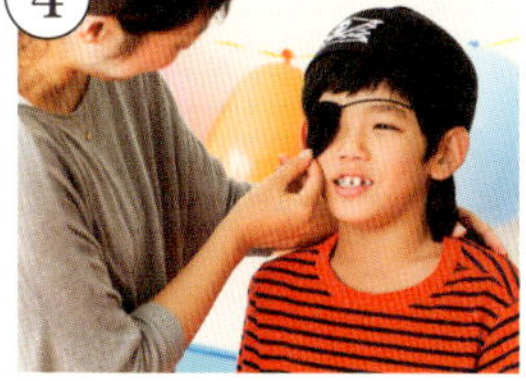

年齢によってゴムの長さは違いますから、実際つけてみて長さを調整してあげましょう。

海賊帽は、ハロウィンシーズンに購入

撮影で使った海賊帽はすべて 100円ショップで買ったもの。ただしハロウィンシーズン（9～10月）しか取り扱いがないので、そのとき手に入れておくのが正解。パーティのドレスコードを「ボーダーシャツ」にし、この帽子をかぶれば〝海賊〞になりきれます。

Column 2

パーティを作るのに、あると便利なグッズ

アニヴァーサリー・プランナーとして活動してきて、「これは買っても損しない！」というパーティグッズを紹介します。
1 つのパーティにしか使えないものではなく、
さまざまなパーティ作りにひと役買ってくれます。

脚つきケーキトレー

脚つきのケーキトレーは 1 つ持っていると便利。テーブルに高さが出るのでおしゃれに演出できます。他のお皿とも合わせやすいガラス製や白いものがおすすめ。デパートなどで購入可能。

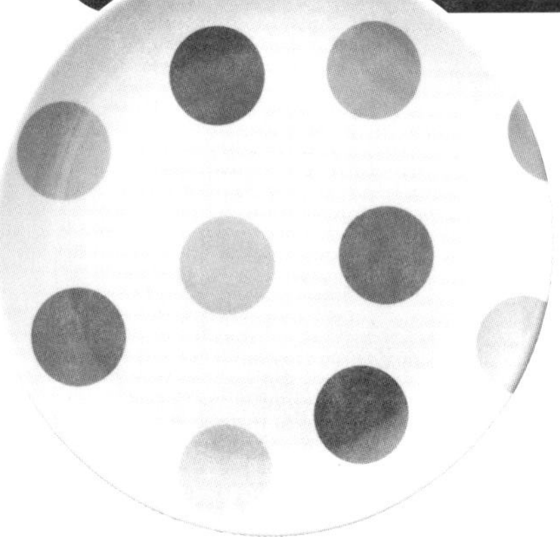

メラミンの皿

軽くて割れにくいメラミン食器は、キッズパーティに欠かせません。今はスーパーマーケットや北欧家具店「イケア」などで、おしゃれなデザインのものが売っています。

フタつきのプラスチック製カップ

フタがついていると、万が一倒したときにも被害が最小限に抑えられます。ネットや梱包材専門店などで購入できます。ときに 100 円ショップで見かけることも。

フラットな皿

凹凸やフチのない丸皿は、ケーキや食べ物を置いたりして、何にでも使えます。写真のガラスのトレーは、10 年以上前にお友達からいただいたものですが、現役で使っています。

ピック

買ってきたケーキに、おにぎりに、チキンナゲットに、ピックをさすだけでパーティ仕様に！　スーパーマーケット、100 円ショップ、輸入雑貨店などで手に入ります。

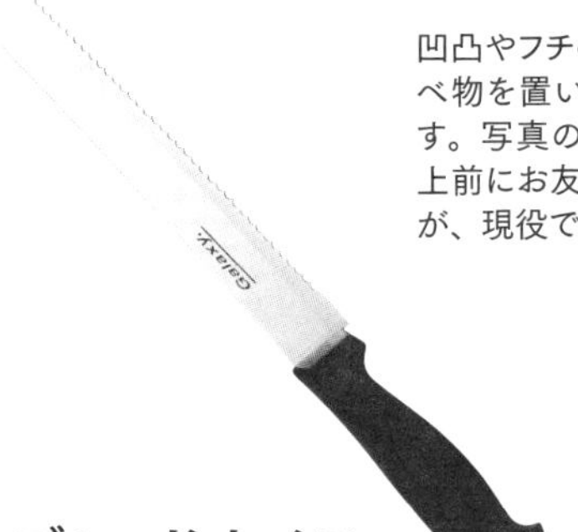

ブレッドナイフ

パンやスポンジケーキ、カップケーキなど〝粉もの〟をきれいに切ることができます。断面ががたがたにならないので、デコレーションをしたときに仕上がりもきれいに。

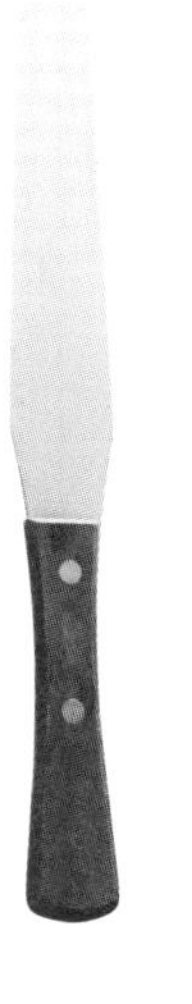

クリームへラ

家にあるディナーナイフでも生クリームは塗れますが、広範囲に塗るときはやはりクリームへラがあると楽です。同方向に動かして塗ると、ムラやヨレができません。

市販のスポンジケーキ

オリジナルケーキを作るのに、スポンジ生地から手作りしていては時間がなくなってしまいます。だから市販のものを利用。今はどこのスーパーマーケットにも大抵売っています。

市販のホイップクリーム

パーティのとき、ママはとにかく時間がありません。生クリームも泡立てる手間を省き、市販の泡立てた生クリームを使ってしまいましょう。スーパーマーケットで購入可能。240円／明治

ミニサイズのマシュマロ

1 × 1㎝と小さいので、ケーキに貼りやすく、デコレーション素材として使いやすい。ロッキーマウンテン　プチカラーマシュマロ（150g）294円／ウイングエース

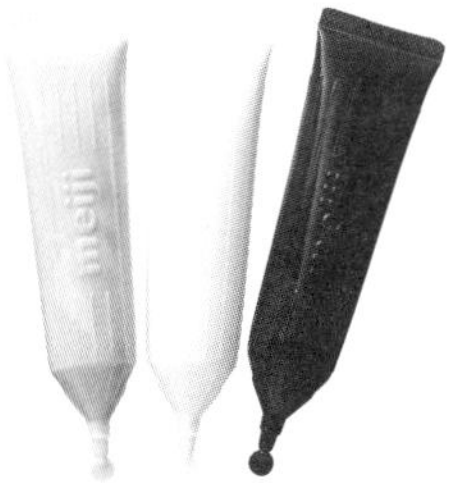

チョコペン

デコレーションをする道具としてはもちろん、お菓子とお菓子をくっつける〝のり〟としても活躍。今は茶色だけじゃなく、ピンクや青、黄色なども出ています。

風船

著者愛用は、100円ショップ「ザ・ダイソー」の「カラーふうせん　パーティバルーン 15 個入り)」。安いのに、色揃えやふくらましたときの発色がきれいでおすすめ。

マスキングテープ

画用紙で作るランチョンマットのデコレーションなどに使用。粘着力が弱く、のり残りが少ないので食器や家具にも使えます。文具店、雑貨店、300円ショップで買えます。

両面テープ

のりを塗るよりも簡単で、紙がヨレたりせず、手が汚れないのが利点。幅 5㎜と 1㎝の 2 種類を用意しておけば、工作系のアイテムは、大抵のものが作れます。

カールリボン

壁飾りのバナーやフラワーボールの飾りに使用。著者は、バルーンショップで業務用のものを購入（写真参照）。もう少し短いものは、100円ショップなどで見つけることができます。

6月 ムービーパーティ

june

雨の日が続くため、外で遊べず、この時期子どもたちは退屈気味。
そんなときは、おうち遊びをイベントに変身させてしまいましょう。
ただの DVD 鑑賞が、〝映画鑑賞〟になりますよ。

MOVIE PARTY

25

A

B

おうちのテレビが
映画館に変身！

ボール紙とフェルトで自宅のテレビに看板とカーテンを取りつけて。テレビの前には、上映するDVDのキャラクターフィギュアなどを並べてもいいですよ。

26

27

ポップコーンやドリンクも
〝映画館らしく〞をコンセプトに

「1人1個」が大好きな子どもたち。紙袋に入れたポップコーンとビッグサイズのプラスチックカップに入ったジュースは1人分ずつ用意してあげましょう。

28

食事はもちろん
ファストフードで決まり

おにぎりでは、映画館らしくありません。ここはやはり片手で食べられるホットドッグがぴったり。ポップな柄の紙ナプキンに包んで、サーブします。

パソコンが使える人なら、こんなふうにオリジナルポスターを作っても。DVDのタイトルを簡単にデザインし、プリント。その紙を画用紙に貼っただけです。

29

アクティビティ用に、映画の
テーマに沿ったぬりえを用意

その日見るDVDに関連するモチーフのぬりえを用意しておくと、子どもたちは喜びます。プリントしたぬりえは画用紙に貼ることで、そのまま飾れるかわいさに。

作り方はp38-39参照 →

june

6月　ムービーパーティの開き方

●シアターテレビの作り方

25 A フェルトカーテン

■材料
自宅のテレビのサイズ
（高さ×横半分の長さ）に合わせてカットしたフェルト 2 枚
※撮影では、42 インチのテレビに対し、50 × 50㎝のフェルトを 2 等分して使用
金のモール 2 本
ガムテープ

つけ方

①
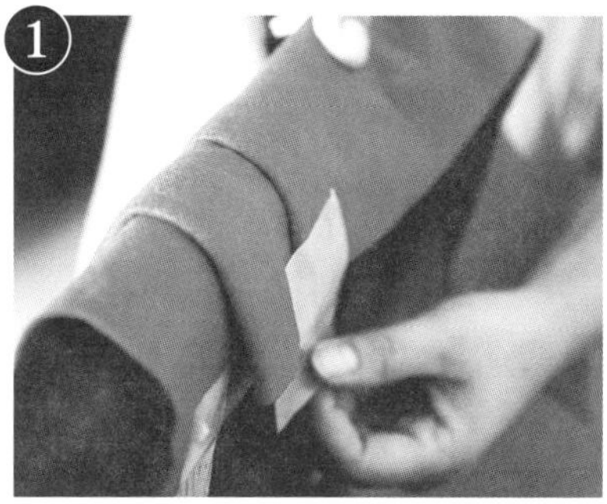
テレビの左右にフェルトをつける。テレビの裏にひだをつけながら、適当に幅を調整し、ガムテープで留める。

②

ドレープをつけながら、金のモールで結ぶ。

25 B 看 板

■材料
A4 サイズのコピー紙、
B4 サイズのボール紙
（黄・青）各 1 枚
えんぴつ
はさみ
ガムテープ

つけ方

①
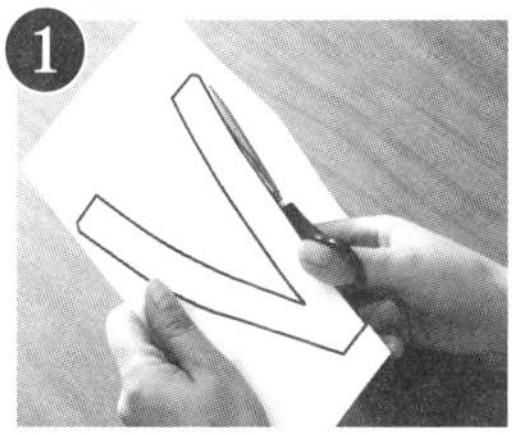
77 ページの型紙の「アルファベット」の「M」「O」「V」「I」「E」を、800％（400％→ 200％にする）にコピーしてはさみで切り取る。

②

黄のボール紙に①の「M」「V」「E」、青のボール紙に①の「O」「I」をのせ、えんぴつで型を取る。色つきのボール紙は 100 円ショップや文具店で買える。なければ画用紙で OK。

B4 サイズの紙で
最大 3 文字取れます

③

描いた英字をはさみで切り取る。

④

③の英字すべての裏に、丸めたガムテープを貼り、テレビの囲みに貼る。

26 ポップコーン袋

■材料
白い紙袋
消しゴムスタンプ用の消しゴム
（14.8 × 10cmのもの）
英字スタンプ
スタンプインク（赤・銀）
はさみ

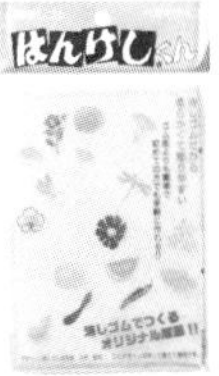

消しゴムスタンプ用の大きな消しゴムは、文具店などで取り扱いがある。約600円。

作り方

①消しゴムスタンプ用の消しゴムを、横幅は紙袋に合わせ、縦3～4cmにカッターで切る。切った消しゴムに、赤のスタンプインクをつけ、ストライプ模様にする。

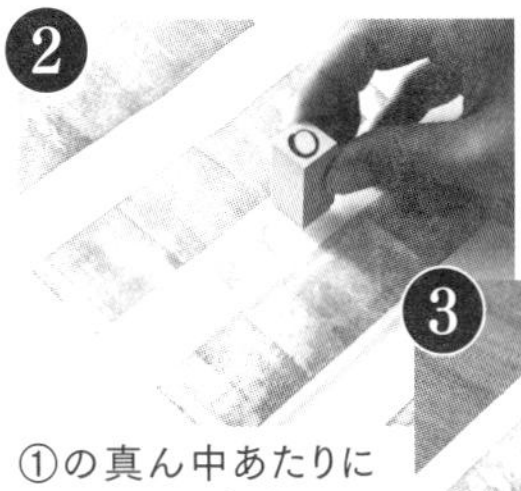

②①の真ん中あたりに英字スタンプと銀のスタンプインクで、パーティに来てくれるお友達の名前を押す。

③紙袋の口をはさみでぎざぎざに切る。切らなくてもいいが、切ることでにぎやかになる。

27 ジュースカップ

■材料
フタつきのプラスチック製カップ（なるべく容量の大きいもの）
ストロー
シール（星形・英字）

作り方

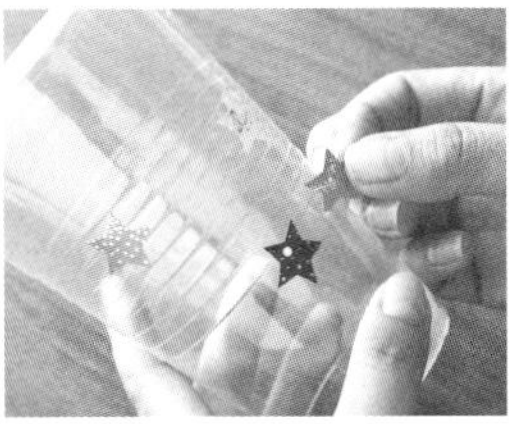

カップに英字シールで名前を貼り、星形シールをランダムに貼る。

ラメ入りの星形と英字の薄手のシールは、会員制倉庫型スーパーマーケット「コストコ」で購入。雑貨店などでも手に入る。もちろん違うシールを貼ってもOK。

28 ホットドッグの包み

■材料
ホットドッグ、紙ナプキン（開いたとき長さ30cm以上のもの）、マスキングテープ（1cm幅）

アメリカンな柄の紙ナプキンは、ネットショップで買ったもの。ポップな柄ならこの柄じゃなくても構わない。

包み方

①紙ナプキンを広げ、ホットドッグをのせ、包む。

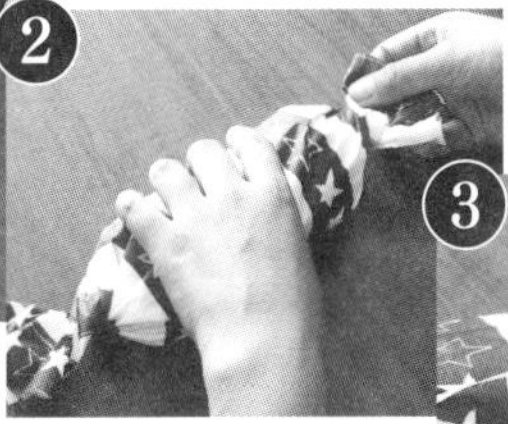

②紙ナプキンの両端をねじる。

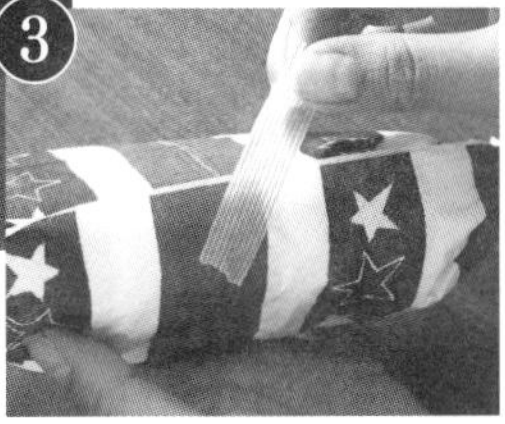

③マスキングテープで留める。

粘着力が弱く、はがしやすい。のり残りが少ないのも魅力。文房具店や雑貨店、300円ショップで買える。

29 ぬりえ

■材料
A4サイズのコピー紙
両面テープ（1cm幅）
B4サイズの画用紙

作り方

①A4サイズのコピー紙にプリントしたぬりえの上下に両面テープを貼る。

②画用紙の上に①をのせ、両面テープの保護シートをはがし、貼る。

ぬりえと同じ要領でポスターも作れます！

余力のある人はポスターを作って、さらに雰囲気を盛り上げて。

＊ぬりえは無料サイトを利用
著者は、ネットで「ぬりえ・無料」で検索し、「ぬりえランド」というサイトのものをダウンロードしてプリントアウトした。

7月

july

バーベキューパーティ

家族と、友人と……バーベキューを楽しむ人が急増しています。
どうせならお外パーティに変身させてみませんか。お皿や盛りつけにちょっとこだわるだけで見た目がぐっと良くなりますよ。

30

フルーツの盛り合わせは、ピック使いでおしゃれに

ただフルーツを切って並べるのではなく、ピックをさしておしゃれに。フラミンゴなど、ポップな色や形のピックを使うと夏の空の下にも映えます。

31

32

ポップコーン＆ゼリービーンズのカップ

ベーキングカップで、プラスチックカップの中を２層にすれば、こんなにかわいい盛りつけに。柄つきベーキングカップを使えば、また違った表情も楽しめます。

33

焼きたてのお肉をトルティーヤに巻くだけ。簡単ラップサンド

バーベキューの楽しみは、なんといっても「お肉」！　そのまま食べる以外にも、子どもたちが自分で作れるラップサンドの材料も用意しておきましょう。

ラップサンドの材料も大皿におしゃれに盛りつけ

取り分け皿は紙皿でも、みんなでシェアする食材は陶器の大皿に盛りつけると重石代わりになり、テーブルクロスが風で飛ばされるのを防いでくれます。

Barbecue party

作り方はp42-43参照 →

7月　バーベキューパーティの開き方

30 フルーツ盛り合わせ

■材料
すいか（小玉すいかを使用）
パイナップル
キウイ

フラミンゴのピックをさすだけで、夏らしい雰囲気に。輸入雑貨店や大型雑貨店で手に入る。

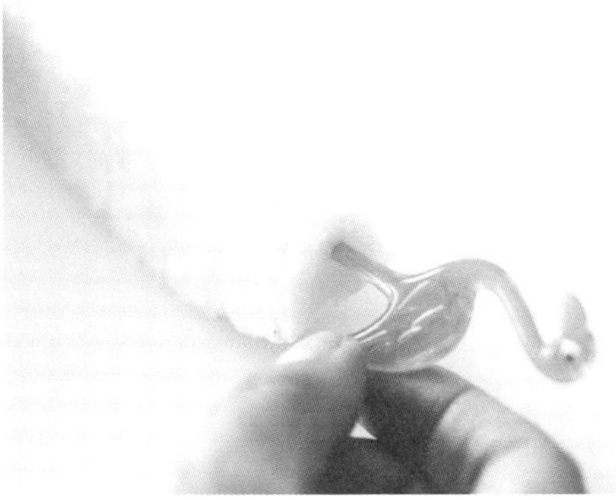

フルーツはすべて手で食べられる大きさに切る。パイナップルだけ持ちやすいようにピックをつけ、皿に盛りつける。

31 ゼリービーンズカップ

■材料
プラスチックカップ
ベーキングカップ
ポップコーン
ゼリービーンズ

プラスチックカップはぺこぺことへこむものではなく、固いものだと子どもが持ちやすくおすすめ。

カップケーキを焼くためのベーキングカップを使用。Stadter ベーキングカップ筒ケース入りカラフル（200枚入り）882円／ナッツデコ

作り方

1

プラスチックカップにポップコーンを入れる。

2

①にベーキングカップをのせる。

3

ベーキングカップの中にゼリービーンズを入れる。

32 雲の形のランチョンマット

■材料
B4サイズの画用紙（白）
えんぴつ
はさみ

作り方

1
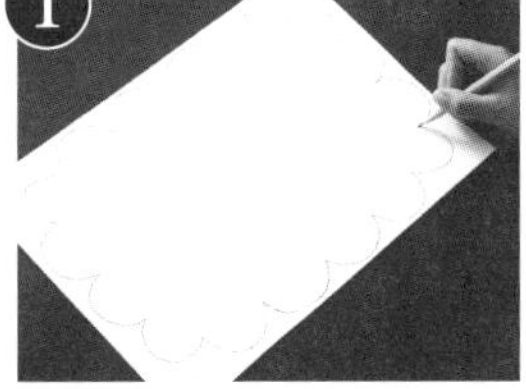
画用紙いっぱいにフリーハンドで雲の形を描く。

2
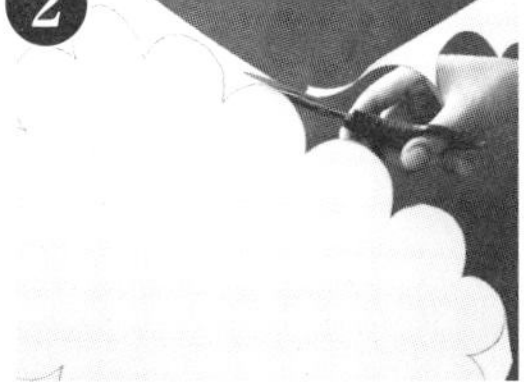
描いた線に沿って、はさみで切り取る。

33 ラップサンド

■材料（1人分）
トルティーヤ（ソフトタコス用）、
　サラダ菜などの葉野菜各1枚
焼いた肉2切れ
マヨネーズ適量
紙ナプキン
紙皿

作り方

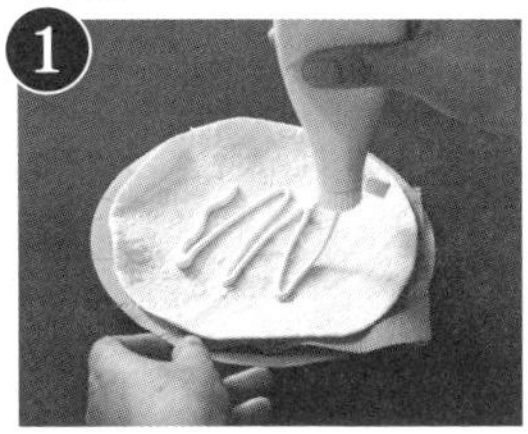

1 紙皿の上に紙ナプキン→トルティーヤの順に置き、マヨネーズを絞る。

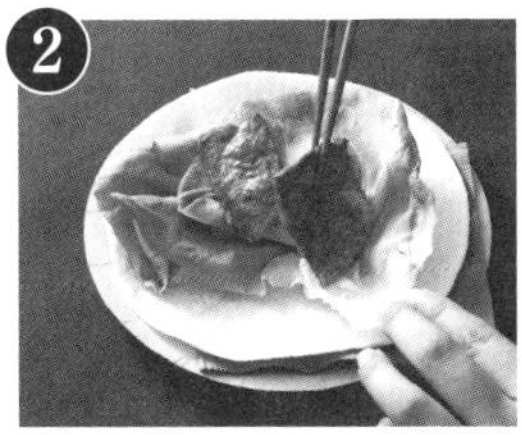

2 ①の上にサラダ菜→焼いた肉の順におく。

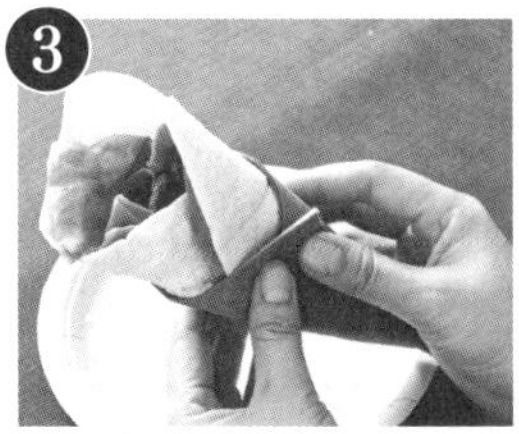

3 紙ナプキンごと肉を包む。

ソフトタコス用のトルティーヤは、冷凍で売られており、輸入食材店のほか、最近ではスーパーマーケットでも手に入る。

34 クッキーアイスにさしたフラッグピック

■材料
折り紙
つまようじ
はさみ
両面テープ（5㎜幅）

作り方

1 折り紙を4等分に折る。

2 折り線よりも5㎜ほど大きいところで切る。

3 ②を半分に折る。

4 ③で折った線を中心にして、6等分になるように折る。

5 ④で折った線に沿って、切る。

6 5㎜幅に折った折れ線を残し、三角形に切る。

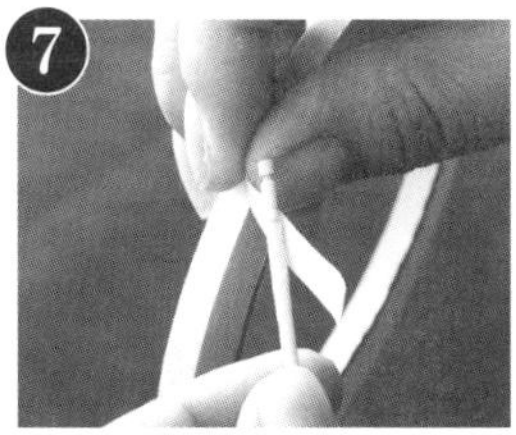

7 つまようじの上2㎝ほどの部分に両面テープを巻きつける。

8 両面テープの保護テープをはがしたつまようじを⑥の折り目にのせ、紙ではさむ。

9 クッキーアイスにさす。

風に飛ばされないように
ガムテープで留めましょう

外でやるパーティの心得

● テーブルクロス

布を、ガムテープでしっかりテーブルの裏や脚の部分に貼りつける。

● 雲形ランチョンマット

ランチョンマットの裏に丸めたガムテープをつけ、テーブルに貼る。

july

7月

バーベキュー アクティビティの 作り方

35

クッキーアイスを スプリンクルでデコレーション

簡単なフードアクティビティなので、3歳くらいからできます。子どもたちはこういったデコレーションは大好きなので、普段のおやつにも取り入れてみてください。

36

カラフル・ソーダフロート作り

夏の甲子園やお祭りの屋台などで売られている、かき氷シロップを水で割った飲み物「かちわり」がヒント。鮮やかな色のソーダフロートをみんなで作ってみませんか。

35 クッキーアイス・デコレーション

■材料
クッキーアイス
スプリンクル

撮影ではこれを使用。マリービスケットサンドアイス＜バニラ＆チョコ＞オープン価格／森永製菓

スプリンクルは、少し深さのある器に出し、アイスクリーム部分に、スプリンクルをつける。冬はアクティビティを始める少し前にアイスを出し、溶かしておくといい。

36 ソーダフロートバー

■材料
かき氷シロップ数種類
ソーダ（無糖）
バニラアイス
アイスクリームスクープ

楽しみ方

〝コーナー〟を設けてあげると盛り上がる。もしあればトレーの上にまとめておくと準備も後片づけも簡単。作り方は、あらかじめ氷を入れたカップにかき氷シロップを注ぎ、ソーダで割り、最後にアイスクリームスクープでアイスクリームをのせて出来上がり。

かき氷シロップは、3～4種類そろえておくと鮮やかで楽しい。夏になると使い切りタイプが100円ショップでも売られている。

かき氷シロップはそのまま出してもいいけれど、子どもが持ちやすい小ぶりの容器に入れ替えても。容器は100円ショップで取り扱いがある。

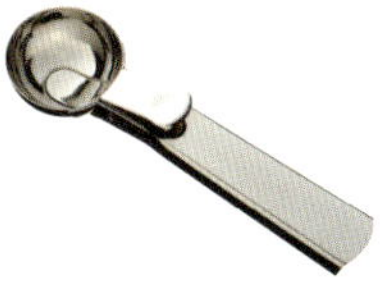

アイスクリームスクープとは、アイスクリームをすくう調理器具。スーパーマーケットや大型雑貨店で買える。

脚つきのソーダグラスもプラスチック製。著者はネットで購入した。ない場合は、普通のプラスチックカップでいい。

ボディシールで、もっと夏気分を満喫

著者は、自分好みの絵をネットのフリー素材から探し、「インクジェットプリンタ専用転写シール　透明タイプ」（エーワン）にプリントしてオリジナルボディシールを作製。

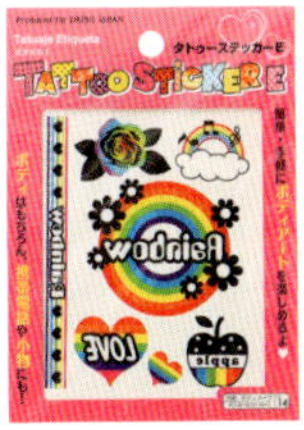

夏になると100円ショップでも売っているボディシール。タトゥステッカー105円／ザ・ダイソー

お誕生日は、朝にお祝い

家族の誰かの誕生日。

それは普段のイベントとは違う、特別な１日。

「わが家に生まれてきてくれてありがとう」「また１つ大きくなっておめでとう」「あなたと夫婦になれてよかった。また今年も一緒にお祝いできたね」……お誕生日は、そういった思いを家族に伝える大切な日だと思っています。

わが家では、必ずお誕生日当日は家族でお祝いします。お友達を呼んでパーティを開くのは後日。

とはいえ、お誕生日が運よく週末に重なることなどあまりないし、平日は主人の帰りが遅い……そこで、わが家では家族全員がそろう朝いちばんに寝込みをおそって祝います！

わが家が「朝バースデー」をするきっかけとなったのが、映画『ロッタちゃんと赤いじてんしゃ』（スウェーデン映画・2000年日本公開）のワンシーン。お誕生日の朝を迎えた主人公の女の子・ロッタちゃんの枕元に、家族がろうそくを立てたバースデーケーキを、バースデーソングを歌いながら持ってくるのです。そのシーンを見てひらめき、以来、長女の１歳のお誕生日からやっています。

次女が２歳のときは、まだ自分のお誕生日というものを理解していなくて、家族の歌声に目覚めると目の前に突如現れたバースデーケーキに驚いて大泣きしたこと。

長女などは爆睡しすぎて、家族みんなで揺すってやっと起きたこと。

もう起きているのに、寝たふりをしてニヤニヤしていたことなどなど。

必然的にこの日の朝ごはんはケーキということになるので、みんなでケーキを食べながら、そんな過去の「朝バースデー」の話に花が咲くのも楽しみの一つ。

はじめて長女の「朝バースデー」をしてから10年以上。最近では、娘たちが主人と私の朝バースデーをしてくれるようになりました。

まだ、アニヴァーサリー・プランナーになる前の、娘たちの合同お誕生会。当時から輪飾りとプラスチック食器は大活躍でした。この写真を、私が通っていたお教室の先生であり、料理研究家でもある井上絵美先生に見ていただいたところ、「これを職業にしたら?」と言われ、アニヴァーサリー・プランナーになったのでした。

長女の小学校最後のお誕生日。朝、寝込みをおそったあとの１ショットです（笑）。大好きなマカロンをデコレーションに使用しました。

次女１歳のお誕生日は、長女とケーキを手作り。スポンジを焼いて「1」にカットし、生クリームとベリーでデコレーション。「できたよ～」とテーブルに持っていくと主人が大爆笑。「1が反対だよ」私も言われるまでまったく気づかず……というエピソードが残っています。

8月

august

ビーチパーティ

夏休みは、お友達と遊ぶ機会がぐっと増えます。夏の思い出を1つ増やしてあげる気持ちで、いつものランチをパーティにしてみませんか。子どもたちは、とても喜びますよ。

37

くりぬいたすいかを器に利用
すいかポンチ

テーブルの真ん中に置けば、「わぁ!」という子どもたちの歓声が聞こえること間違いなし！　夏ならではのデザートで、季節感を出してみませんか。

38

39

40

41

食事も、〝海〟をイメージ

左上から、「ビーチボールおにぎり」「浮き輪形焼きコロッケ」「ビーチサラダ」「海のゼリー」。食事もパーティのテーマに合わせると、わくわく感が違います。

鈴なり・水風船のガーランドで、
デコレーション

通常サイズの風船よりも小ぶりな水風船。バナーにすると、とてもかわいらしい印象になります。ベランダなど外を会場にする場合、柵にリボンを結びつけて飾ります。
「水風船のガーランド」は、風船ではなく水風船を使い、作り方は74ページの「風船バナー」と同じです。

42

ビーチボールで、
お手軽すいか割りゲーム

本物のすいかでやると後片づけが大変だし、場所もありません。なので、すいか柄のビーチボールで代用。これなら室内でも楽しめます。

作り方はp50-51参照 →

august

8月　ビーチパーティの開き方

37　すいかポンチ

■材料
すいか（小玉すいかが○）½個
フルーツくりぬき型
サイダー（加糖）150mℓ

すいかやメロン、マンゴーなどの果肉を丸くくりぬく「くりぬき型」は持っておくとパーティのときに便利。最近は100円ショップでも売っている。

作り方

丸くくりぬけます

1

すいかの実をくりぬき型でくりぬく（底のほうになってくると半球になるが気にせずに）。

2

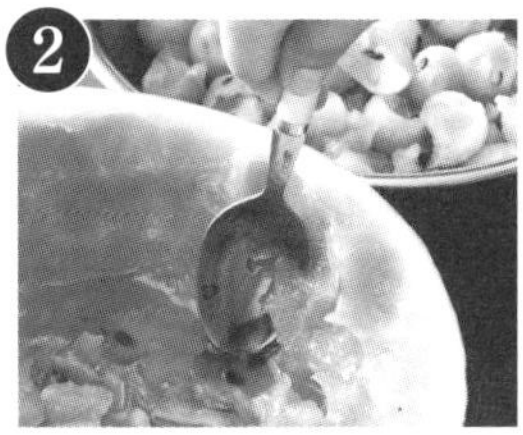

でこぼこになったすいかの内側をスプーンで削り、きれいに整える。

3

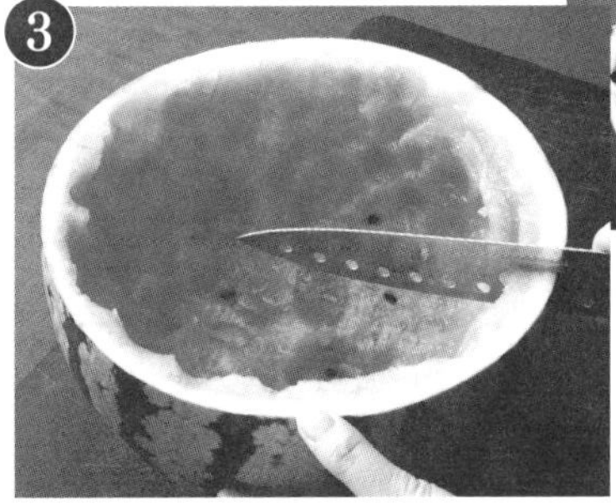

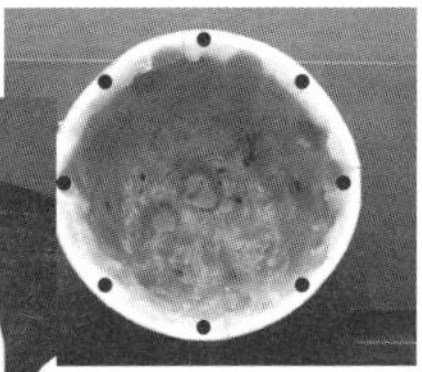

②のすいかの皮の部分８ヵ所に、包丁で2.5cmほどの深さの切り目を入れる（上の写真の点の位置を参照）。

4

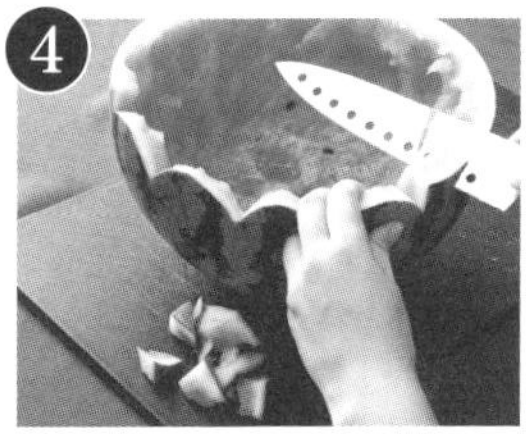

切り目と切り目を結ぶように、包丁で半円形に切っていく。

5

①の丸くくりぬいたすいかを元に戻し、サイダーを注ぐ。

38　ビーチボールおにぎり

■材料（１人分）
ふりかけを混ぜて丸く
　握ったおにぎり１個
ホールコーン１粒
青のり粉適量
ラップ

作り方

1

おにぎりはラップにくるんで丸く握る。

2

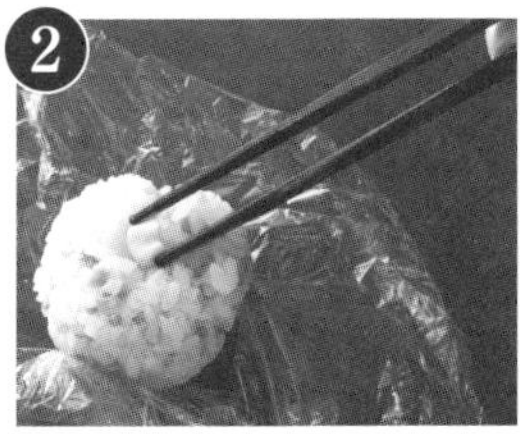

ラップをはずし、おにぎりの真ん中にホールコーンをのせる。

3

箸の持ち手側の先などに水→青のりの順でつけ、おにぎりにビーチボールのようなストライプ模様をつける。出来上がったら再度ラップで包む。

39 浮き輪形焼きコロッケ

■材料（4 人分）
コロッケのタネ 200g
パン粉 100g
油、ケチャップ各適量

最初に……。
パン粉は、薄く油をひいたフライパンできつね色になるまで炒る。

作り方

① コロッケのタネ 50g を 1 人分とし、ラップで包み、直径 5cm ほどの丸形に成形する。

② ①の真ん中に穴を開け、浮き輪形にする。

③ ②に炒ったパン粉をまぶす。

④ オーブンシートを敷き、180 度に温めたオーブンで約 3 分焼く。

⑤ 紙ナプキンに盛りつけるときは、下にコロッケのサイズに合わせて切ったオーブンシートを敷き、油染みをカバーして。

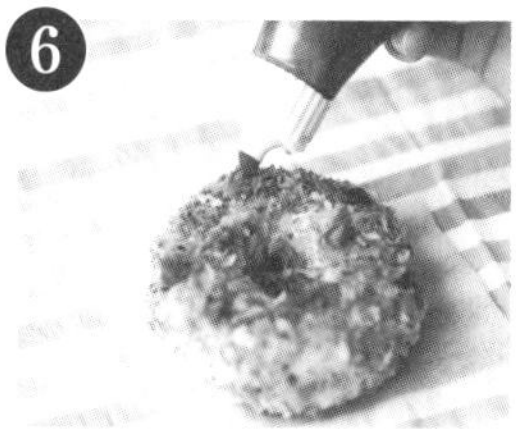

⑥ ケチャップで水玉模様やストライプ柄を描く。

40 ビーチサラダ

■材料（1 人分）
ウインナー 1 本
ホールコーン適量
プチトマト 1 個
キャンディチーズ 1 個
傘形ピック 1 本
プラスチック製の惣菜容器 1 個

作り方

① 惣菜容器にホールコーンを入れ、ゆでたかに形ウインナー（縦半分に切ったウインナーの左右に、切り込みを 3 ～ 4 ヵ所入れる）をのせる。

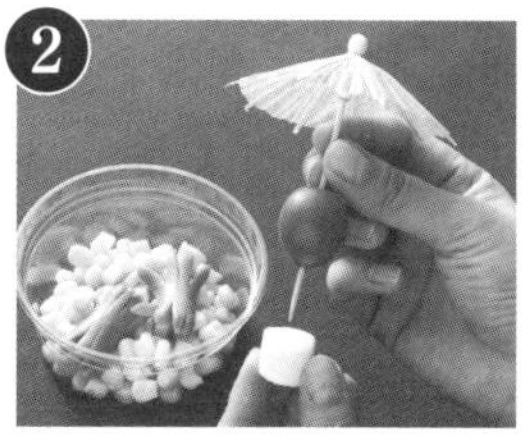

② ピックにプチトマトとキャンディチーズをさす。

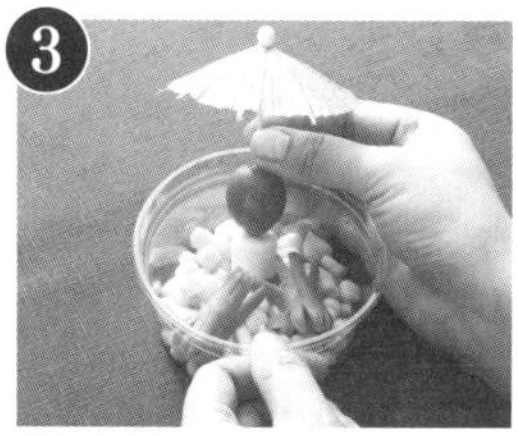

③ ①の真ん中に立てる。

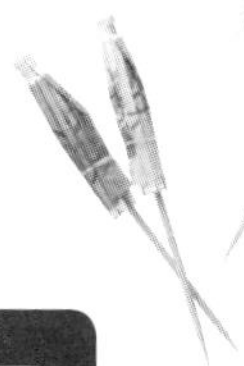

器は 100 円ショップでも売っている、プラスチック製のお惣菜入れ。

傘の形をしたピックは雑貨店などで取り扱いがある。著者はホームセンターで購入。

41 海のゼリー

■材料（4 人分）
かき氷シロップ（ブルーハワイ）
　＋水（合わせて）400mℓ
ゼラチン 5g
たこ形のグミ 4 個
プラスチック製の惣菜容器 4 個

耐熱ボウルにかき氷シロップ、水、ゼラチンを入れてよく混ぜ、電子レンジで 50 秒加熱する。1 度取り出してかき混ぜ、再度 50 秒電子レンジにかける。惣菜容器にたこ形のグミを入れ、〝ゼリーの液〟を注ぎ、冷蔵庫で約 30 分冷やし固める。

紙ナプキンの上にのせます

出来上がったおにぎり、コロッケ、サラダは紙ナプキンをお皿代わりにして盛りつける。夏らしいさわやかな色のストライプ柄を選んで。

42 すいか割りのすいか

■材料
すいかの模様がプリントされた
　ビーチボール
鈴
輪ゴム

作り方

① 鈴に輪ゴムを通す。

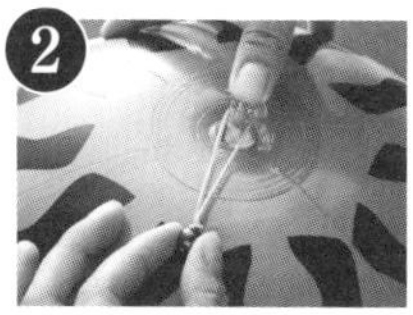

② ふくらませたビーチボールの空気入れ部分に、①の鈴をつける。

9月

september

スポーツデー

スポーツの秋は、運動会やオリンピックの要素を取り入れたパーティを開催。100円の箱を使って作るピザの表彰台や、おうちで簡単にできる、〝ドーナツ食い競争〟も盛り込みます。

43

市販のひと切れタイプのロールケーキをアレンジ

市販のロールケーキをボールの形をしたキャンドルとスプリンクルで飾るだけで、オリジナルのスポーツケーキが完成。アレンジ次第で、他のイベントにも使えます。

44

ペットボトル飲料の首には、金メダルをかけて

コインチョコレートとリボンで金メダルを作り、ペットボトルの首にかけます。テーブルの上は狭いぶん、小さなディティールにこだわると統一感が取れ、おしゃれに。

45

五輪マークをヒントに作った、丸形バナー

家にある丸皿を使って作るバナーです。スポーツデーと五輪を絡めて、この形にしましたが、他のイベントにも出てくる、四角や三角のバナーを飾っても構いません。

46

子どもにちょうどいい大きさのマフィンピザは表彰台の上に

食べ物もお皿に盛りつけて出すのではなく、100円ショップのギフトボックスを使って作る表彰台の上にのせれば、テーブルの上が立体的になり、目を惹きます。

色鮮やかなフルーツや
野菜はガラスの器に入れて

片手で食べられるカットフルーツやスティック野菜を用意。色鮮やかでテーブルのアクセントになるので、ガラスの器に入れて色を際立たせて。

47

盛り上がること間違いなし！
ドーナツ食い競争

運動会競技のひとつ、「パン食い競争」をドーナツでアレンジ！　リボンの先に洗濯ばさみをつけ、市販の袋入りの菓子パンやお菓子を下げてもOK。

作り方はp54-55参照 →

september

9月 スポーツデーパーティの開き方

43 スポーツ・ロールケーキ

■材料

<フラッグピック>
B4サイズの画用紙（白）
はさみ
つまようじ
両面テープ（5㎜幅）
英字スタンプ
スタンプインク（緑）

<スポーツ・ロールケーキ>（1人分）
市販のロールケーキ1切れ
泡立てた生クリーム適量
スプリンクル（緑）適量
ボール形のキャンドル1個

英字スタンプは、雑貨屋や300円ショップで購入できる。

● スポーツ・ロールケーキにさす、フラッグピックを作る

作り方

画用紙の短い辺のほうを、幅2.5㎝に折る。折り目に沿って切る。

切り取った紙に、英字スタンプでゲストの名前を押し、はさみで切る。

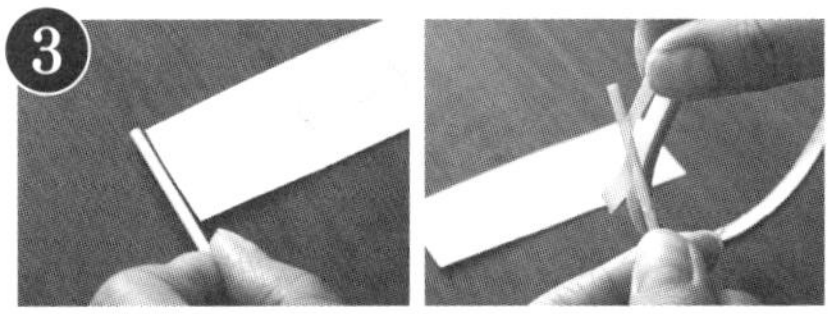

②の紙の端につまようじを置き、紙の幅を測り、その幅の分だけ両面テープをつまようじに巻きつける。

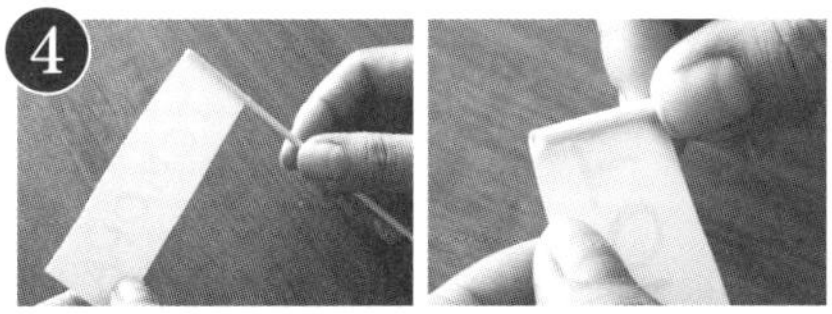

両面テープの保護テープをはがし、②を巻きつける。

● ケーキを完成させる

作り方

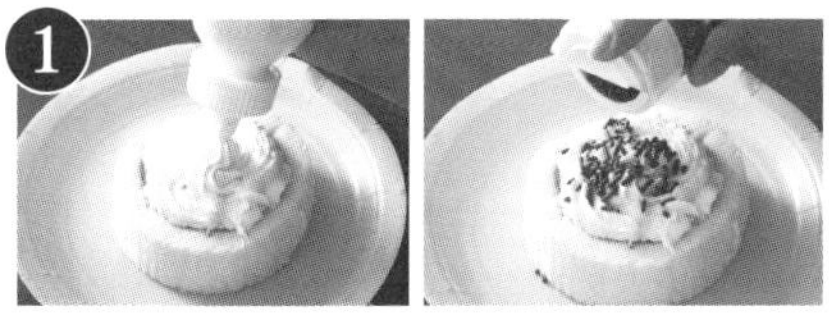

ロールケーキを皿に置き、上に生クリームを絞り、スプリンクルをふりかける。

ボール形キャンドルとフラッグピックをさす。

ボール形のキャンドルは……著者はネットで購入したが、最近ではケーキ屋で取り扱っているところもある。

スプリンクルは、芝生っぽさを出すために緑のものを使用。CK スプリンクル　ジミー（グリーン）（90.7g）483円／ナッツデコ

44 メダルつきドリンク

■材料
市販の500㎖サイズの
　ペットボトルに入った水
リボン
メダルチョコ
マスキングテープ（1㎝幅）
はさみ

メダルチョコは、輸入食材店やデパートの地下にあるスーパーマーケットなどで買える。

作り方

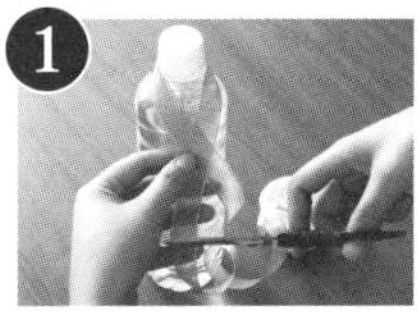

リボンをペットボトルの首に巻き、適度な長さで切る。

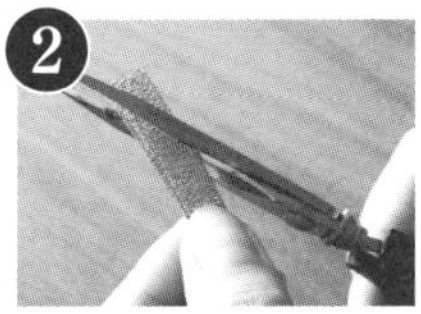

リボンの先がＶ字形になるように切る。

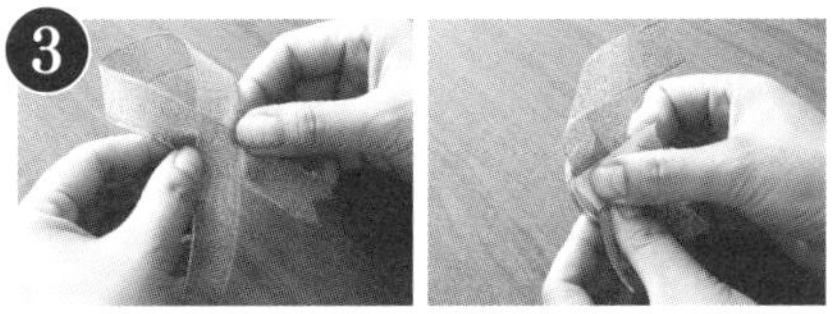

リボンを交差させてマスキングテープで留め、その上にメダルチョコをマスキングテープで貼る。これをペットボトルの首にかける。

45 丸形バナー

面倒な人は1色のバナーでもOK

■材料
直径18㎝くらいの皿1枚
B4サイズの画用紙
（赤・黒・黄・青・白）
穴あけパンチ（2つ穴タイプ）
細いリボン
えんぴつ
はさみ
養生テープ
（またはガムテープ）

作り方

1

画用紙の上に皿を裏返して置き、えんぴつで型を取る（B4で2枚取れる）。

2
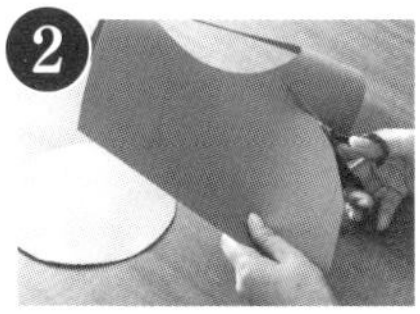
①を切り取る。

3
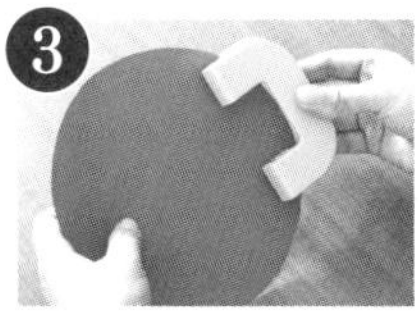
②に穴あけパンチで穴を開ける。

4
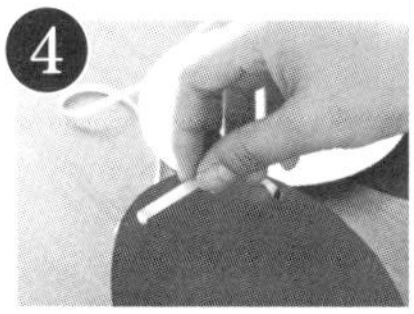
③にリボンを通してつなげ、両端を養生テープで留めて壁に飾る。撮影では5色使ったが、1色でも2色でも構わない。

46 ピザの表彰台

ギフトボックスは100円ショップで購入。入れ子になる。各105円／ザ・ダイソー

■材料
ギフトボックス
（大・中・小）各1個
B4サイズの画用紙
（赤・青・黄）
両面テープ（5㎜幅）
えんぴつ
はさみ
のり

作り方

1
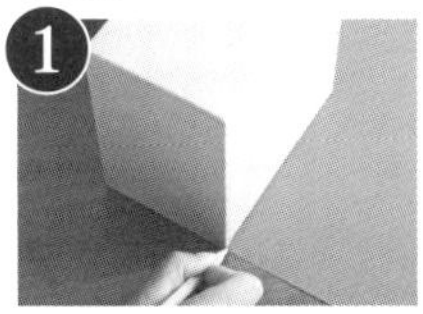
画用紙の上にギフトボックスの側面を置き、えんぴつで幅を取る。

2

えんぴつの線に沿って画用紙を折る。もう1枚同じ幅が取れるので、余った部分を折る。

3
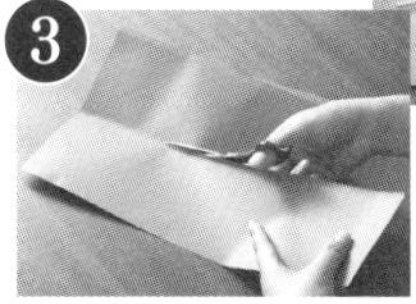
②の折り目に沿って画用紙を切る。

太い短冊状の画用紙が2枚できる。

4

ギフトボックス側面の上下に両面テープを1周貼り、そこに③の短冊状の画用紙をまず1枚貼る。

5

③の残った短冊状の画用紙の短い辺のほうに両面テープを貼る。

6

⑤を④につないで貼っていく。

7

貼っていくと余りが出るので、余った部分ははさみで切る。

8

先に貼ってある④の端に両面テープを貼り、⑦を留める。この作業を大・中・小のギフトボックスと赤・青・黄の画用紙を使って作る。

9

77ページの型紙「数字」から、「1」「2」「3」を400％にコピーし、切り取る。

10

⑨の切り取った数字を、のりや両面テープなどで⑧の完成したギフトボックスにそれぞれ貼る。

＊表彰台の上にのせる
マフィンピザの作り方
2等分したマフィンの表面にピザソースを塗り、サラミやアスパラ、ピザ用チーズをのせてオーブントースターで約3分焼くだけ。市販のマフィンを使うから簡単だし、子どもの食べきりサイズなのもいい。

47 ドーナツ食い競争のやり方

■材料
市販のドーナツ
細いリボン
長さ1mくらいの竿

1
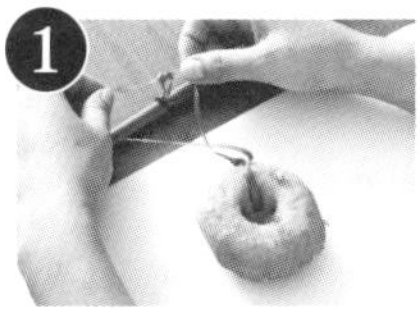
ドーナツにリボンを結び、それを竿に結びつける。

2

やるときはママが持ってあげて。

10月 ハロウィン

october

今やクリスマスと同じくらい認知されたイベントになったハロウィン。グッズも100円ショップやスーパーマーケットで安く手に入りますから、それらを用いて上手に手間を省くことも大切です。

HALLOWEEN PARTY

48

〝ひもグミ〟を使った、モンスターカップケーキ

ミニマシュマロにチョコペンで目を描き、子どもたちに人気の〝ひもグミ〟と合わせてカップケーキにのせれば、モンスターの出来上がり。

50

輪飾り、三角バナー、英字のデコレーションでにぎやかに

壁飾りは2～3種類合わせ使いするとにぎやかに。もちろん1種類だけでも構いません。三角バナーもストライプ模様をつけていますが、オレンジ1色で作っても充分。クモの壁飾りは100円ショップで数年前のハロウィン時期に買ったものです。

→輪飾りの作り方は 75 ページに

期間限定のお菓子を取り入れて

ハロウィン時期になるとパッケージがかわいいお菓子が売り出されます。テーブルの上の演出になるので、ぜひ取り入れて。柄が際立つ白やガラスの器に盛りつけて。

ときにはパソコンやプリンターで、ランチョンマットやシールを作製

ランチョンマットはハロウィンカラーの紫、黒、オレンジの画用紙を並べるだけでも構いませんが、余力があればプリンターを利用してストライプ柄にしてみましょう。黒い紙皿はネットで購入。

49

ジャック・オー・ランタンのバケツには、バラつくお菓子を

ポップコーンやポテトチップスなどはハロウィンのモチーフ「ジャック・オー・ランタン」のバケツに入れて。バケツはスーパーマーケットなどでも買えます。

作り方はp58-59参照 →

10月 ハロウィンパーティの開き方

48 モンスターカップケーキ

■材料
市販のカップケーキ１個
ミニサイズのマシュマロ２個
チョコペン１本
ロングタイプのグミ約１本
つまようじ１本
タッセルパッキン適量

1×1㎝と小さめのマシュマロを使う。スーパーマーケットや輸入食材店で購入できる。ロッキーマウンテンミニマシュマロ（150g）262円／ウイングエース

プレゼントなどによく使う〝紙のもしゃもしゃ〟はタッセルパッキンという。100円ショップや大型雑貨店で手に入る。

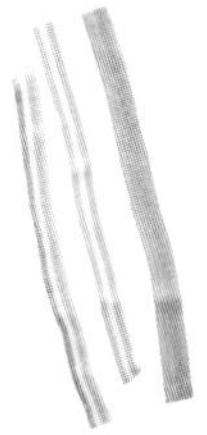

ロングタイプのグミは、「ベルトグミ」「ひもグミ」などの名前で、スーパーマーケットなどでも売っている。撮影で使用したものは、「スウィートファクトリー」で購入。

作り方

1
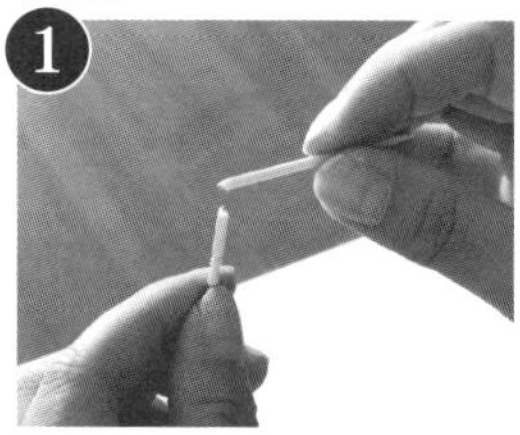
つまようじは半分に折る。

2
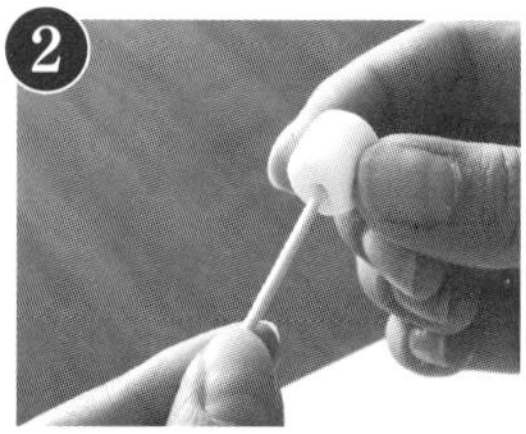
マシュマロに①の折ったつまようじをさす。

3

湯につけてやわらかくしたチョコペンで、②のマシュマロに「目」を描く。

4

カップケーキの表面全体にチョコペンをつける。

5

④のカップケーキ全体に塗ったチョコペンを〝のり代わり〟にし、グミをのせ、軽く押して貼りつける。

6
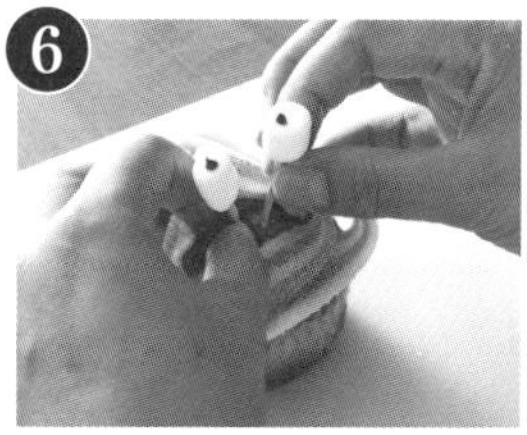
⑤の隙間にバランスよく、③の「目」をさす。

7

皿の上にタッセルパッキンを広げ、出来上がった「モンスターカップケーキ」をのせる。

＼ 面倒な人はハロウィン色のB5サイズの画用紙（黒・紫・オレンジ）を敷くだけでOK ／

49 ストライプランチョンマット

■材料
B4サイズの画用紙（黒・白）
B5サイズの画用紙（紫、オレンジ）
はさみ
のり

作り方

1

黒い画用紙を幅2.5㎝の蛇腹状に折る。

2

①の折り目に沿って画用紙を切る。短冊状の紙を4枚作る。

3
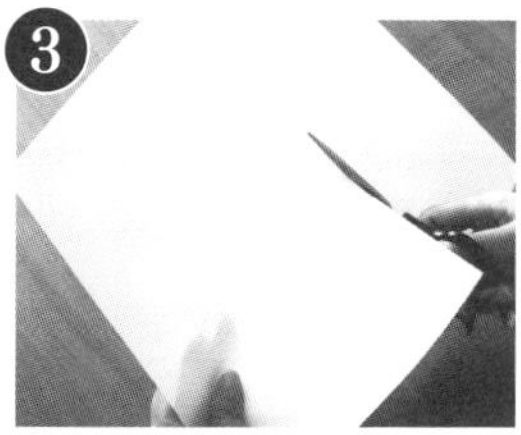
B4サイズの白い画用紙を半分に切る。

4

③の白い画用紙の上下にまず、②の黒い短冊状の画用紙をのりで貼り、空いた部分にもバランスよく残りの黒い短冊状の画用紙を貼りストライプ柄にする。プリンターにB5サイズの紫とオレンジの画用紙を入れ、出来上がったストライプ柄の紙をコピーする。

面倒な人はオレンジ色だけの
三角フラッグバナーで OK

50 A ストライプ柄つき三角バナー

■材料

B5サイズの黒と紫のストライプ柄の画用紙（「ストライプランチョンマット」の作り方と同様。ストライプの幅を 8mmに変える）
定規
えんぴつ
はさみ
のり
黒の細いリボン
オレンジの三角フラッグバナー

→三角フラッグバナーの作り方は 70 ページに。プロセス4まで B4サイズの画用紙（オレンジ）を使って作っておく。

作り方

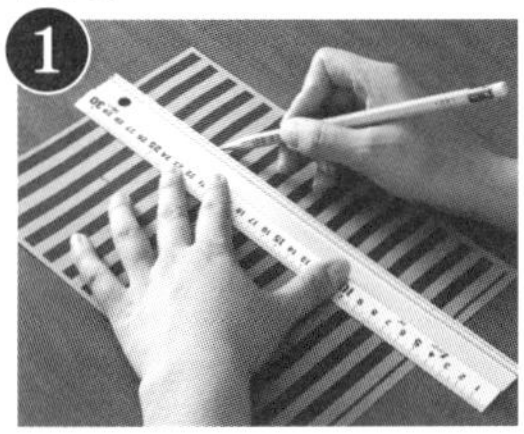

① 縦 18 × 横 12.5㎝の線を引く。B5 サイズで 3 枚取れる。

② ①で引いた線に沿って切る。

③ 短冊状になった画用紙を半分に切る。

④ ③の裏にのりをつけ、三角フラッグバナーとリボンをのせ、手前に折る。余った部分ははさみで切り落とす。リボンの両端を養生テープで留めて壁に貼る。

50 B 英字バナー

■材料

A4 サイズの画用紙
（黒・オレンジ）
はさみ
えんぴつ
セロハンテープ

作り方

① 77 ページの型紙「アルファベット」から、「A」「E」「H」「L」「N」「O」「W」を800％（400％→200％にする）にコピーし、これをはさみで切り取る（L と E は 2 枚必要）。

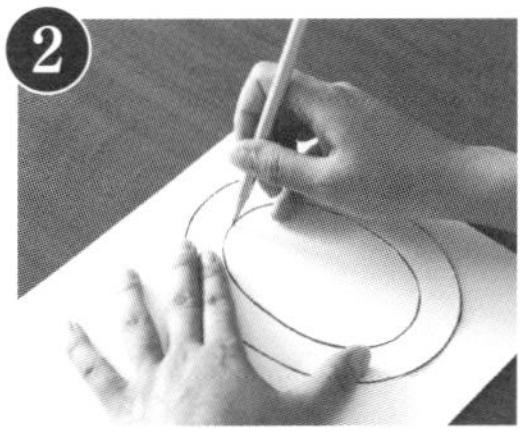

② 切り取った英字を画用紙の上にのせ、えんぴつでなぞる（撮影時は黒とオレンジの 2 色の画用紙が交互に並ぶように作ったが、1 色で作ってもいい）。

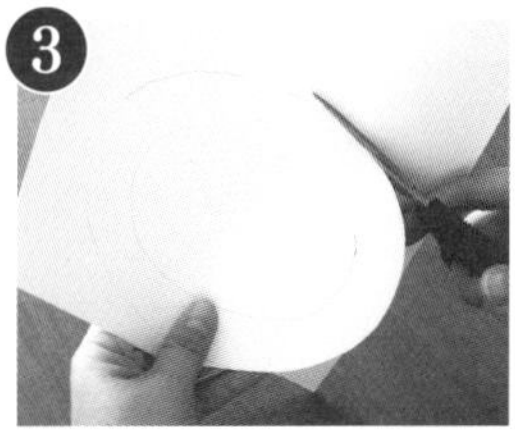

③ ②をはさみで切り取る。

● 壁に貼るときは

英字の画用紙の裏にランダムに丸めたセロハンテープを貼り、HALLOWEEN の順で壁につける。

● 中をくりぬくとき

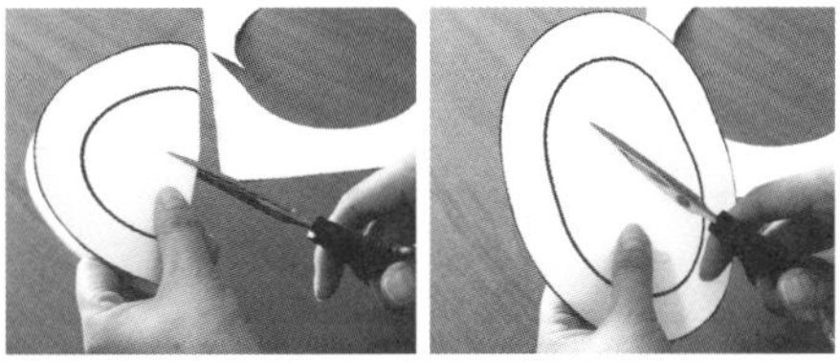

「O」などは中をくりぬくとき、1 度軽く半分に折ってはさみで切り込みを入れ、そこから切っていく。

● 向きに注意

OK

NG

「L」や「E」など左右の向きがある英字は、コピーした紙を画用紙に写すとき、向きが違うと鏡文字になってしまうので注意。

october 10月

ハロウィンアクティビティの作り方

51

100円のランタンを利用して〝トリック・オア・トリート〟

ハロウィンの楽しみは、お菓子をもらうこと。〝トリック・オア・トリート（お菓子をくれないといたずらするぞ！）〟と子どもたちが言ったら、お菓子をあげましょう。

52

カップもオリジナルシールでハロウィン風にデコレーション

余力があれば、カップもハロウィンらしく。プラスチックカップに貼ったシールは、手作りもできますが、パソコンを使うと簡単。中身はもちろんオレンジジュースを入れて、貼ったシールと合わせたときハロウィンカラーになるように。

変装グッズは、スーパーマーケットや100円ショップで

この日のためだけに、高い衣装を買う必要はありません。100円ショップやスーパーマーケットでは、1000円以下のマントや髪飾りなどが売っています。ぜひ利用してください。

51 ジャック・オー・ランタンのお菓子入れ

■材料
ジャック・オー・ランタンのランタン１個
紙ナプキン１枚
個包装の菓子適量
マスキングテープ

■ランタンは……
ハロウィンの時期に、100円ショップ「ザ・ダイソー」で105円で購入したもの。

作り方

1

ランタンの底に紙ナプキンを置く。

2
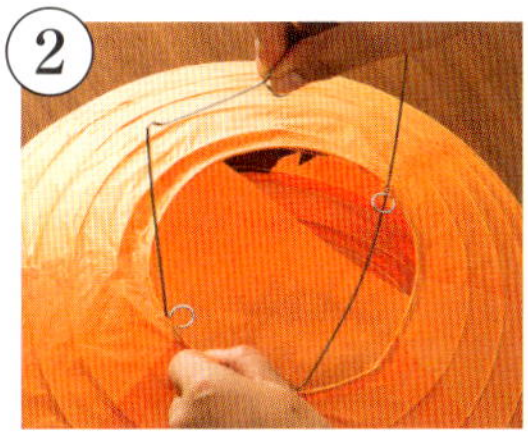
針金で紙ナプキンをおさえ、ランタンを組み立てる。

3

中に菓子を入れる。

4
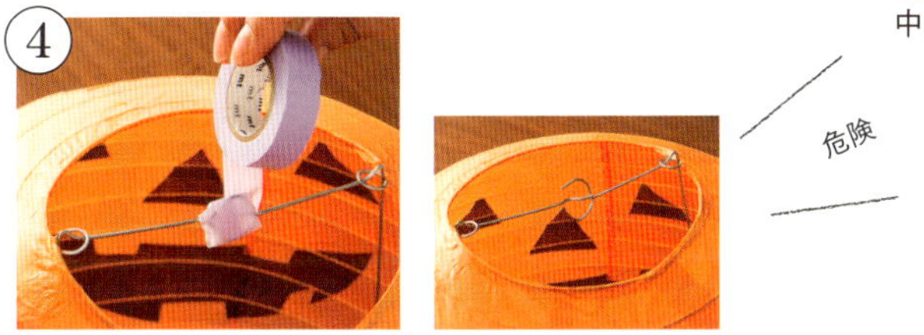

子どもが手を入れてお菓子を取るので、取り出し口の針金でけがをしないよう、マスキングテープで針金部分を包む。

52 ジャック・ザ・カップ

■共通の材料
プラスチック製のフタつきカップ
ストロー

＜プリンターを使う場合＞

■材料
シールタイプのプリント用紙
はさみ

作り方

1

79ページの型紙「ジャック・オー・ランタン」の顔を、スキャナーで読み取り、データをパソコンに落とす。それをシールタイプのプリント用紙に印刷する。

2

出来上がったシールのパーツを１つずつはさみで切る。

3

②をカップに貼る。この③はプリンター派も手作り派も同じ作業になる。

＜手作り派の場合＞

■材料
黒い画用紙
えんぴつ
両面テープ（5㎜幅）

作り方

1

79ページの「ジャック・オー・ランタン」の顔をコピーして、はさみで切り取る。

2

①を型紙代わりにして、黒い画用紙に転写して、切り取り、裏に両面テープを貼る。

ハロウィンお菓子事情

数年前までは、輸入菓子でしか見かけなかったハロウィンのお菓子。現在は、日本のお菓子メーカーからもハロウィン限定パッケージでさまざまな商品が出ているので、ぜひパーティに活用して。

写真でも残してあげたい！
パーティの記憶

私が、さまざまなイベントや行事をパーティにして楽しむのには、訳があります。それは、子どもたちが大きくなったとき「小さい頃、こんな楽しい時間を〝みんな〟と過ごしていたんだ」と思える思い出をたくさん作ってあげたいから。

なぜならこれらの思い出は、家族やお友達と一緒に過ごした時間の素晴らしさや、一緒に過ごした相手への感謝の気持ちも思い出させてくれるからです。

私自身、幼い頃に両親や兄弟たちと過ごしたクリスマスやお正月の思い出は色濃く記憶に残っていて、思い出すたびに幸せな気持ちになります。そして自然と自分の家族にも同じように素敵な思い出を作ってあげたいと思うようになり、そのうち家族だけじゃなくいろんな人たちにも行事やイベントを楽しんで、幸せな気持ちにしてあげたい！　と思うようになったのです。

とはいえ、記憶というのはだんだんと薄れていってしまうもの。だからパーティをしたとき、必ず写真を撮るようにしています。でも現実には、準備や子どもたちのお世話に追われて、写真を撮るチャンスなんてなかなかありません。だから以下の２つのポイントだけ押さえるようにしています。

●飾りつけの全体像、食べ物やケーキの写真は、子どもたちが来る前に撮影を済ませておくこと。これを撮影しておくと、後に子どもたちの表情だけでなく、パーティの全体の雰囲気がわかり、いい記念になります。

●全員集合の記念写真を撮るなら、パーティが始まる前がシャッターチャンス。飾りつけたテーブルや壁の前で撮りましょう。

こうした写真は、後からみんなで見返してもとても楽しいし、ママががんばって作ったパーティの記念としても残ります。そして何よりも、大きくなった子どもたちへのラブレターになります。

最近はデジカメが主流ですから、ついつい撮影はしてもパソコンにデータを落とすだけで満足してしまいがち。ここは少しがんばってプリントしてカードにしたり、額に入れて飾るといつまでも新鮮な記憶として残ります。

簡単！　ミニスタジオを作って記念撮影

パーティアクティビティとして、スタジオを作って撮影するのもおすすめ。ミニスタジオの作り方は、簡単。パーティのテーマに合わせた柄や色の布を、ガムテープや養生テープで壁に貼れば完成です。布の前に子どもを立たせ、フレームをのぞいたときに布が納まるように撮影すれば、カラフルな背景の楽しいパーティ写真が出来上がります。

11月 スペースパーティ

november

月や星空がきれいに見える冬の始まりは、男の子が好きで、海外ではメジャーな「宇宙」をパーティテーマに。青・黄をメインカラーにシルバーを差し色に使ってまとめてみましょう。

Space---

54

フィギュアをのせた月面着陸ケーキ

市販のスポンジケーキに、食紅で色づけした生クリームとフィギュアをのせただけで完成。生クリームの色とフィギュアを替えれば、さまざまなケーキにアレンジできます。

53

市販の紙風船をつなげて地球儀バナー

ネットで購入できる、地球儀形の紙風船。短く切ったストローを留め具代わりにし、バナーにします。ころんとかわいらしい形が連なり、目を惹きます。

----party

55

フリーハンドで手軽に作る
ロケット形のランチョンマット

ランチョンマットはテーブルに人数分並べるアイテム。だからこそパーティのテーマにそった色や形にしておくと、テーブル上の雰囲気がまとまります。

56

100円ランタンとフラワー
ペーパーで作った惑星ピニャータ

メキシコ発祥のピニャータ。くす玉の中にお菓子などを入れ、子どもたちが順にたたいてお菓子を取り出す遊び。このくす玉、市販のランタンを使えば簡単に作れます。

57

シルバー使いで宇宙らしさを演出
アルミ皿の３段トレー

段トレーにお菓子を盛ると、テーブルに高低差と立体感が生まれ、おしゃれに。とはいえ日々使うものではないので、パーティ時だけ手作りしてしまいましょう。

58

100円のブリキバケツに
お菓子を詰めて

ブリキバケツの中には、ゼリー飲料や綿菓子のようなガム、ラムネなどを入れています。〝宇宙食を思わせる〟をテーマに、ママの感性で選んでみましょう！

作り方はp66-67参照 →

november

11月 スペースパーティの開き方

53 地球儀紙風船バナー

■材料
地球儀形の紙風船６個～
ストロー
細いリボン
養生テープ
はさみ

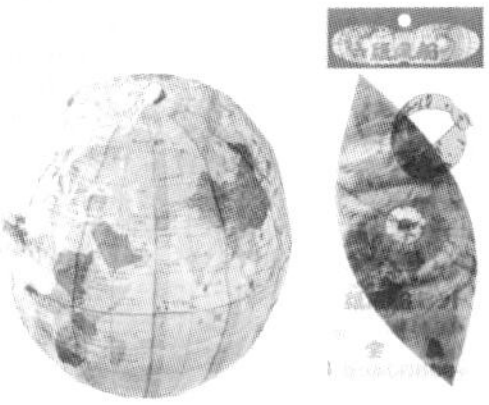

地球儀形の紙風船は、ネットショップで購入。著者は海猫屋で購入。

作り方

1

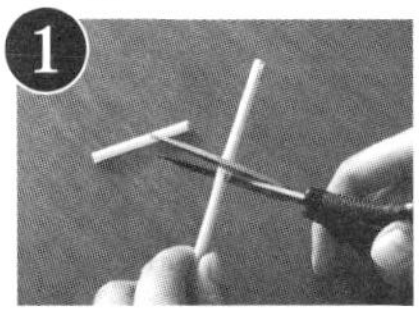

ストローは長さ５cmに切る。これを紙風船の数に合わせて必要数作る。

2

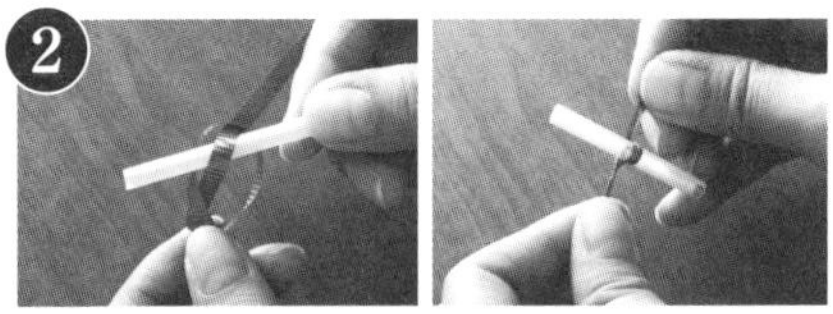

リボンに①の切ったストローをつけていく。リボンを両手に持ち、右手に持ったリボンが上に来るように交差させ輪を作る。そのまま右手に持ったリボンを下から輪の中に通す。輪の中に通してできたもう１つの輪に①のストローを通し、締める。※片結びはNG。

3

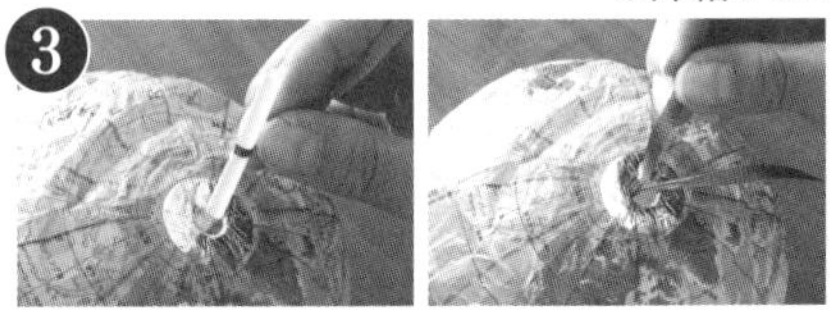

ふくらませた紙風船の空気穴に、リボンをつけたストローを入れて留める。

4

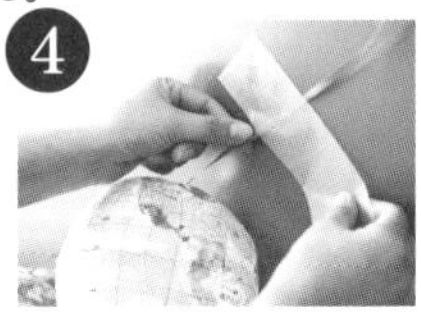

リボンの両端に養生テープをつけ、壁に貼る。

54 スペースシャトルケーキ

■材料（１個分）
市販のスポンジケーキ１台
泡立てた生クリーム 200㎖分
バナナ３本
ブルーベリー 20 個
食紅（黄） 付属のスプーンで３～５杯分
※食紅は表示どおりに水で溶いておく。
スペースシャトルと宇宙飛行士のフィギュア
市販のアメリカ国旗のピック
クリームヘラ
アルミホイル

食紅はスーパーマーケットで手に入る。粉末なので、商品に記載されている溶き方に準じて水溶きして使うこと。

スペースシャトルと宇宙飛行士のフィギュアは、「トイザらス」で購入。

作り方

1

土台になるスポンジケーキにクリームヘラで生クリームを塗る。

2

①に輪切りにしたバナナとブルーベリーを並べる。

3

②の上に再度生クリームを塗り、残りのスポンジケーキをかぶせる。

4

水で溶いた食紅を、残りの生クリームに入れ、黄色に色づけする。

5

色づけした生クリームをケーキ全体に塗っていく。

6

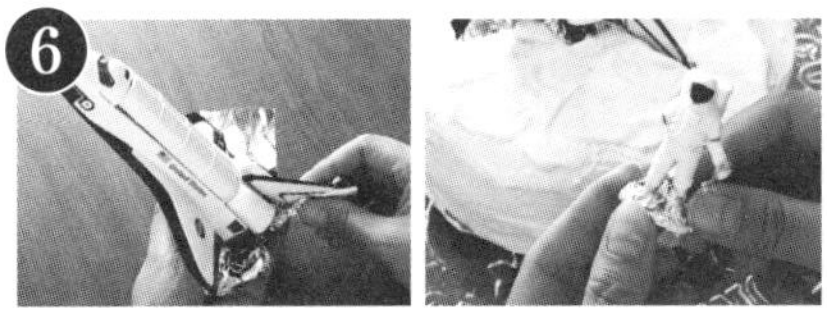

スペースシャトルの噴射口と宇宙飛行士の足をアルミホイルで包む。

7

シャトルと宇宙飛行士をケーキに立てる。シャトルはバランスがとりにくいので、竹串などを使って後ろを支えてもいい。

8

宇宙飛行士のフィギュアのそばに、バランスを見ながら国旗のピックをさす。

55 ロケットランチョンマット

完成
この形を参考に。

■材料
B4サイズの画用紙（白）
マスキングテープ
（青・1㎝幅）
マスキングテープ
（赤・5㎜幅）
えんぴつ
はさみ

作り方

1
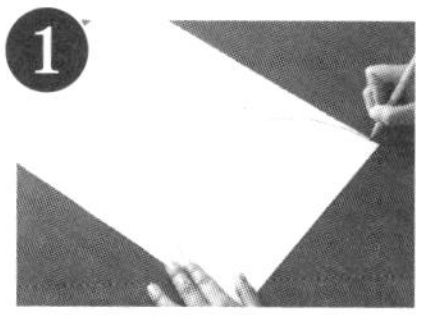
画用紙いっぱいに、フリーハンドでロケットの形を描く。

2
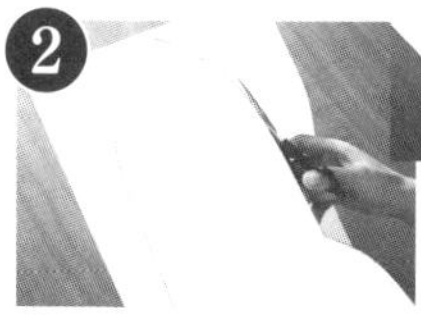
①をはさみで切り取る。

3

複数枚作りたいときは、②のロケット型をテンプレート代わりにしてえんぴつで型を取るといい。

4

②にマスキングテープを貼る。テープは裏に折り込んで貼るときれいに。

56 惑星ピニャータ

■材料
ランタン1個
市販のフラワーペーパー（青・黄）各1個（8枚）、紙ナプキン1枚、個包装の菓子適量、はさみ、のり、細いリボン、長さ1mくらいの竿

ピニャータのベースは100円ショップのランタンを利用。ペーパーランタン　書き込める提灯　105円／ザ・ダイソー

ランタンにつけるフリンジは、100円ショップのフラワーペーパを使用。

作り方

1
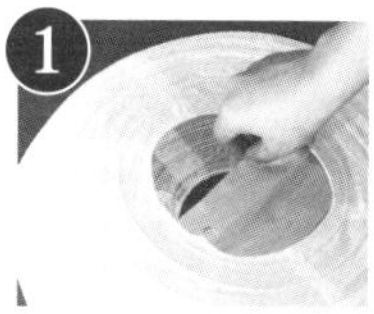
ランタンの底に紙ナプキンを置く。

2
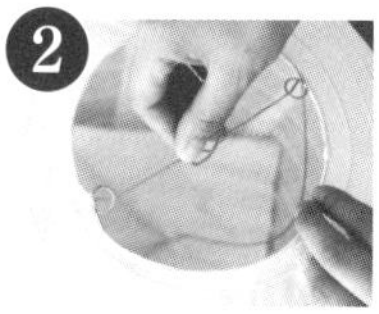
針金で紙ナプキンをおさえ、ランタンを組み立てる。

3
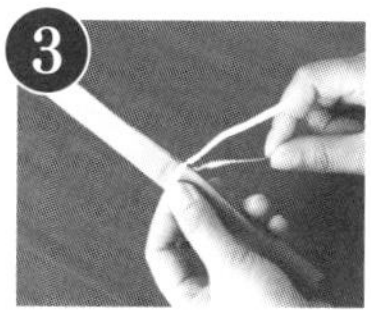
フラワーペーパーを留めている針金を取る。

4

③を広げ、4等分に折る。

5

④の折り目に沿って切る。

6

⑤の元々ついていた折り目に端を1㎝ほど残してはさみを入れ、フリンジ状にする。

7

切り残した部分にのりをつける。

8
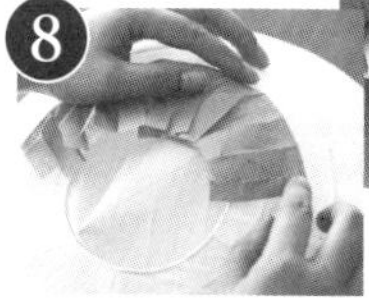
②のランタンの枠に沿って、⑦を貼っていく。

中途半端な部分は、適当にちぎって貼る。

9
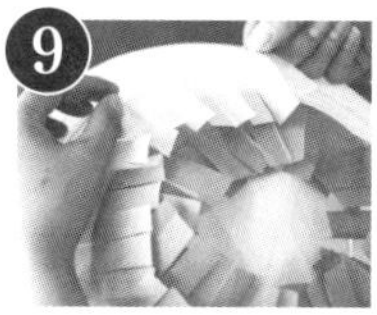
青の段を貼ったら、次の段は黄を貼る。色が交互になるようにランタン全体にフラワーペーパーを貼っていく。

10
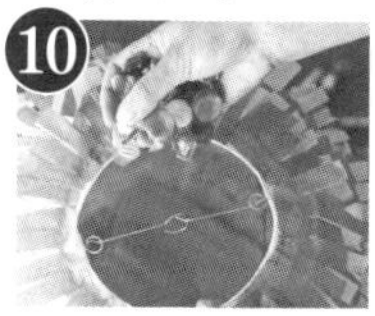
完成したランタンの中に菓子を入れる。

11
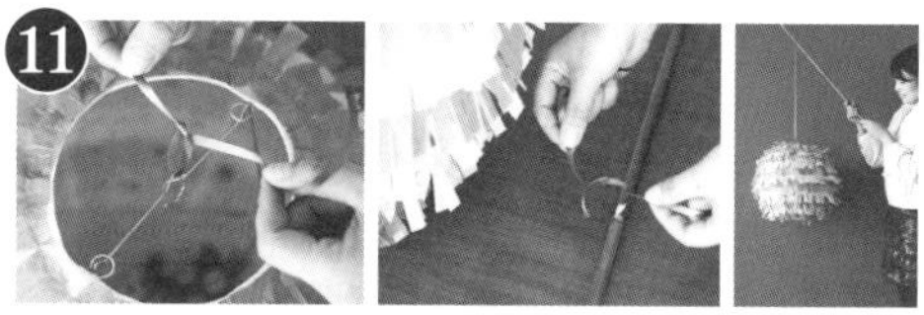
⑩のランタンと竿をリボンで結び、竿からランタンが吊り下がるようにする。遊ぶときはママが竿を持ち、子どもたちにプラスチック製の棒などでたたかせる。

57 アルミ皿の3段トレー

■材料
直径21㎝（大）・直径18㎝（中）・直径15㎝（小）のアルミ皿各1枚、プラスチックカップ2個、セロハンテープ

アルミ皿はすべて100円ショップで購入。

"脚"代わりに使うプラスチックカップは、ぺこぺこしてしまうものではなく、固いものを選んで。

作り方

1
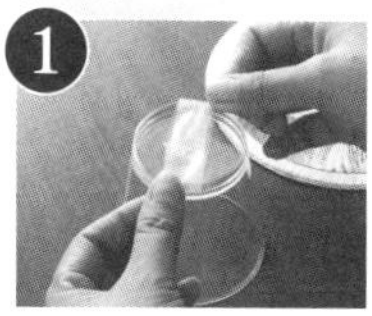
プラスチックカップの底に丸めたセロハンテープを貼る。

2

①をアルミ皿（小）とアルミ皿（中）の裏・中央に貼る。

3
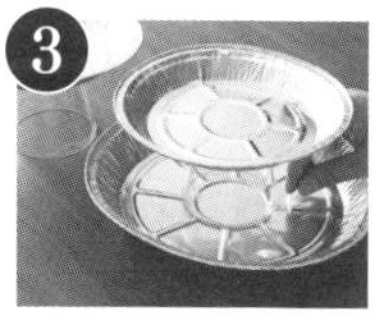
アルミ皿（大）の表・中央に②のアルミ皿（中）をのせ、セロハンテープでL字形にして4ヵ所ほど留める。

4

③のアルミ皿（中）の表・中央に②のアルミ皿（小）をのせ、同じようにセロハンテープで留める。

58 バケツに入った宇宙食セット

■材料と作り方
事務用ラベルシールに、英字スタンプでゲストの名前を押し、それをブリキのバケツに貼る。市販の"宇宙食を連想させる菓子"を中に入れて完成。菓子以外の材料はすべて100円ショップで購入。

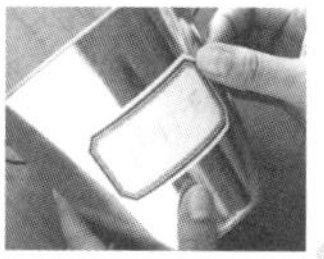

12月 クリスマス

december

1年の最後を飾るイベント、クリスマス。おしゃれにやりたいけれど、大人にとっては忙しい時期。市販のものを取り入れて上手に〝手抜き〟しつつ、すてきなテーブルを仕上げましょう。

59

クリスマスは華やかに、
2種類のバナーを3連飾りに

三角フラッグとオーナメントのバナーの2種類を連ねて飾ります。1種類でも構いませんが、クリスマスなどは、思いきり装飾すると楽しいので、挑戦してみてください。

Christmas party

60

純白のマシュマロケーキは、リボンでデコレーション

市販のスポンジケーキと生クリーム、ミニマシュマロで作る、簡単なケーキです。赤いリボンを巻くことでクリスマス仕様に。シンプルなケーキなので、リボンの色を替えて他イベントに用いても。

61

リボンもつけて本格的に。オーナメント形のランチョンマット

クリスマスツリーに飾る、鈴形の飾り〝オーナメント〟。これをモチーフにしたランチョンマットです。家にある丸皿を使って作ります。

62

サンドイッチもプレゼント形に！ピック使いで華やかに変身

ここでは100円ショップに売っている、ギフト用のシールリボンを使って、ピックを作り、重ねたサンドイッチにさしました。もちろん市販のピックを使ってもOK。

63

ピンチョスは立てて盛りつけるとポップな印象に

ひと口サイズで、しかも片手で食べられるピンチョスは、キッズパーティのとき喜ばれます。寝かせるのではなく、立てて盛りつけるとパーティらしく。

プラスチック製のワイングラスなら、割れにくく安心

ガラス製のワイングラスは怖くて使えませんが、プラスチック製なら安心してキッズパーティに使えます。子どもたちも大人気分が味わえて大喜び。

作り方はp70-71参照 →

december

12月 クリスマスパーティの開き方

●壁飾りの作り方

59 A オーナメントバナー

■材料
市販のクリスマスツリー用
　オーナメント７個
ワイヤー入りグリーン 2.5m
養生テープ（またはガムテープ）

中に針金が入ったグリーンは、300円ショップ「3COINS」で購入。

オーナメントとはクリスマスツリーに飾るもののこと。撮影では、「イケア」で買ったものを使用。

作り方

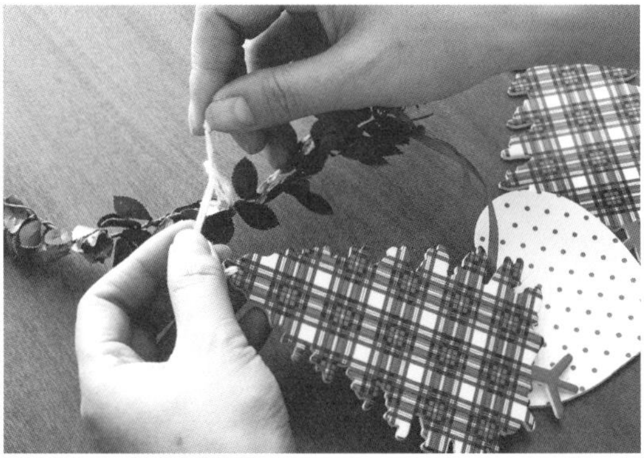

ワイヤー入りグリーンに等間隔で、オーナメントのリボンをくくったり、結びつけていく。ワイヤー入りグリーンの両端に養生テープをつけ、壁に貼る。

59 B 三角フラッグバナー

■材料
B4サイズの画用紙
　（白・金）各１枚
はさみ
えんぴつ
定規
穴あけパンチ（２つ穴タ
　イプ）
リボン（1～2.5m）2本
養生テープ（またはガム
　テープ）

作り方

1

画用紙を３等分に折る。

2

折り目に沿って、はさみで切る。3枚の帯状の紙ができる。

3
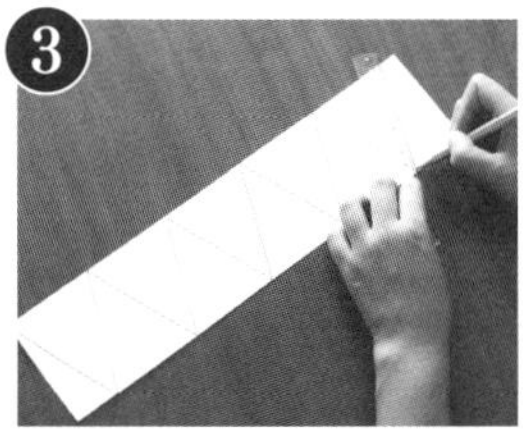

まず②の帯のうち１枚を使う。上は7㎝の幅、下は左端だけを3.5㎝、あとは7㎝幅で点を打っていく。点を打ち終わったら、上下の点同士を線で結び、三角形にする。残り２枚の帯も同様にする。

4

引いた線に沿って、三角形に切っていく（両端は中途半端な形になるので捨てる）。

5

穴あけパンチで、出来上がった三角形の角２つに、穴を開ける。

6

開けた穴にリボンを通して、つなげていく。

7
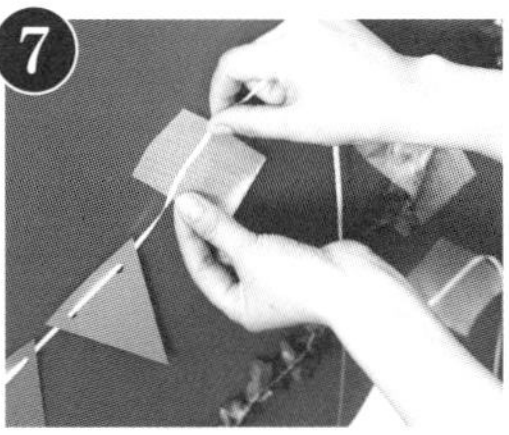

リボンの両端に養生テープをつけ、壁に貼る。

60 マシュマロギフトケーキ

■材料

市販のスポンジケーキ１台、泡立てた生クリーム200㎖分、いちご５個、ミニサイズのマシュマロ１袋（150g）、B4サイズの画用紙（白）１枚、えんぴつ、はさみ、幅が太めのリボン＊130㎝（50㎝と80㎝にカット）、セロハンテープ

● ケーキを作る

作り方

1

土台になるスポンジケーキに生クリームを塗り、横輪切りにしたいちごを並べる。さらにその上に生クリームを塗る。

2

①に残りのスポンジをかぶせる。

3

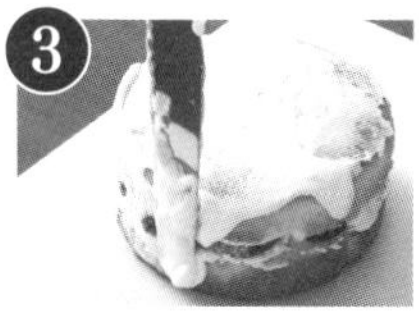

クリームヘラ（ない場合はディナーナイフでも可）で②全体に生クリームを塗っていく。最後、全体にマシュマロを貼るのできれいに塗らなくてもいい。

4

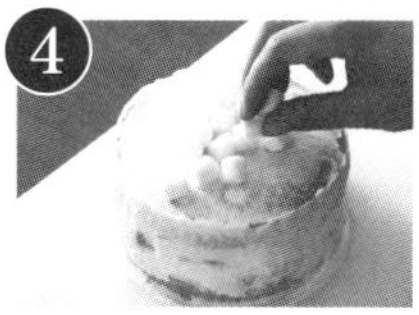

マシュマロを全体に貼りつけていく。

＊太いリボンは会員制倉庫型スーパーマーケット「コストコ」で購入
テーブルの上で存在感を出す太いリボンは、市販では3000円以上するが、「コストコ」で安く購入。１ロール（3.8ｍ）で約1000円から買える。

● 土台を作り、ケーキにリボンを結ぶ

作り方

1

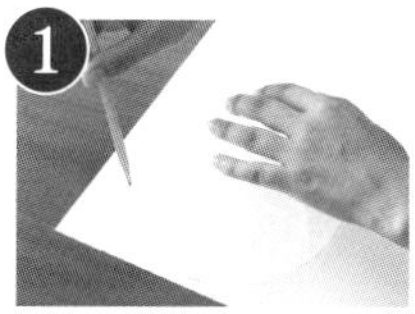

ケーキが入っていたパッケージのフタを画用紙の上にのせ、えんぴつで型を取る。これをはさみで切り取る。

2

写真のように、切り取った円の上に50㎝のリボン、中央に80㎝のリボンをセロハンテープで貼る。

3

②を裏返し、出来上がったマシュマロケーキをのせる。

4

②で土台の円の上に貼った50㎝のリボンでマシュマロケーキをくるむ。ケーキの重みで押さえるだけでよく、セロハンテープで留める必要はない。

5

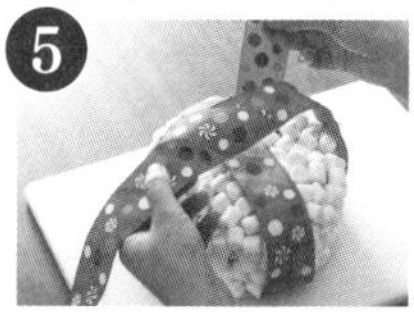

土台・中央につけた80㎝のリボンを、ケーキの中央でリボン結びにする。

61 オーナメント形ランチョンマット

■材料

B4サイズの画用紙（赤）１枚、直径24㎝の皿、えんぴつ、はさみ、穴あけパンチ、リボン

作り方

1

画用紙に皿をのせ、えんぴつでなぞる。

2

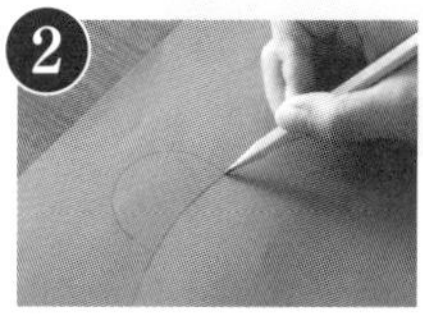

①で描いた円の上・中央にフリーハンドで半円を描く。鈴形のオーナメントをイメージして。

3

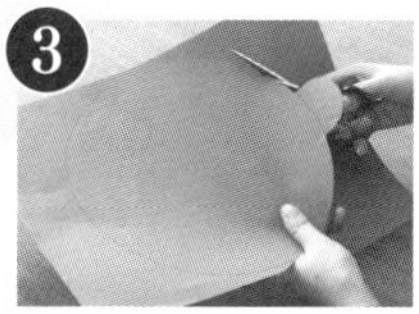

描いた線に沿って、はさみで切る。

4

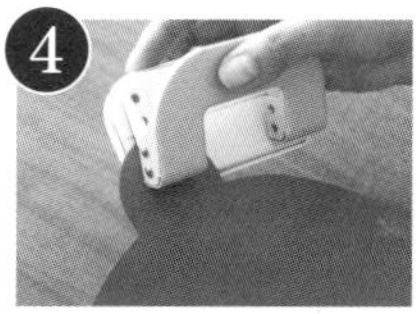

突出した半円に、穴あけパンチで穴を開ける。

5

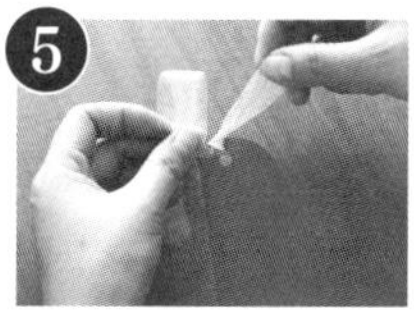

④で開けた穴にリボンを結ぶ。

62 プレゼントボックス形サンドイッチ

■材料（４人分）

サンドイッチ（市販の６枚切りパンで作ったサンドイッチを４等分し、２段に重ねたもの）４個、ギフト用シールリボン４個、つまようじ４本

作り方

1

ギフト用シールリボンの裏の発泡スチロールに、つまようじをさす。

2

サンドイッチの真ん中に①をさす。

62 簡単チーズディップ

■材料

市販のカマンベールチーズ１個

カマンベールチーズの真ん中を、包丁でくりぬく。〝皮〟をめくり、電子レンジに１分かけ、とろとろにする。

63 ピンチョス

■材料

小房に分けたブロッコリー（ゆでたもの）、幅1㎝の輪切りにしたにんじん（ゆでたもの）、ミニサイズのウインナー（撮影では、両端に切り込みを入れ、〝かにの形〟にした）、竹串、星形の型ぬき、紙コップ、塩

作り方

1

ゆでたにんじんは、真ん中を星形の型ぬきで抜く。

2

材料に竹串をさす。紙コップに塩を入れ、立てる。チーズディップにつけて食べる。

december

12月

クリスマスアクティビティの作り方

64

パーティハットのデコレーションアクティビティ

イベント気分を盛り上げてくれるパーティハット。小さいうちはママが作って用意しますが、幼稚園の年長さん～小学生になったら子どもたちに作らせてみましょう。

64 パーティハット

光沢のある厚紙「LKカラー」が適しているが、なければ画用紙でも可。

■材料
A4サイズの厚紙
（赤、緑など）
えんぴつ
両面テープ（1㎝幅）
穴あけパンチ
細いリボン（30㎝）2本
木工用ボンド
手芸用ポンポン

作り方

1

79ページの型紙「パーティーハット」を135％に拡大コピーし、厚紙にえんぴつで型を取る。

2

紙を表にし、写真のように片方の辺に両面テープを貼る。

3

両面テープの保護テープをはがし、紙を丸め、帽子の形にする。

4

③にひもを通す穴を、穴あけパンチで2ヵ所開ける。

5

④で開けた穴に、それぞれリボンを片結びする。ここまでママがやる。

6

子どもたちのアクティビティとして、ここから始めさせる。木工用ボンドをつけ、手芸用ポンポンをランダムにつける。手芸用ポンポンは100円ショップで買える。

65 プレゼントボール

■材料
ラッピングペーパー
プレゼント
（小さめのものが包みやすい）

65

プレゼントは全部包んで大きなボールに

プレゼント交換もひと工夫。人数分用意した小さめのプレゼントを包み紙で次々に巻いて大きなボールにします。これを歌のリズムに合わせて回していきます。

輪になって座り、クリスマスソングを歌いながらプレゼントボールを隣の人に回していきます。途中ママが「ストップ！」といい、プレゼントを回すのをやめさせます。そのときプレゼントボールを持っていた子が1つ開封。これを繰り返します。

作り方

1

ラッピングペーパーの上にプレゼントを置き、包む。きれいにラッピングするのではなく、〝見えないように紙でくるむ〟感じでいい。

2

新しいラッピングペーパーの上に①と新しいプレゼントを置き、包む。これを何度か繰り返し、大きなボール形にする。

風船バナー・フラワーボール・輪飾りの作り方

風船バナー

■材料
風船
風船専用の空気入れ
細いリボン

作り方

1
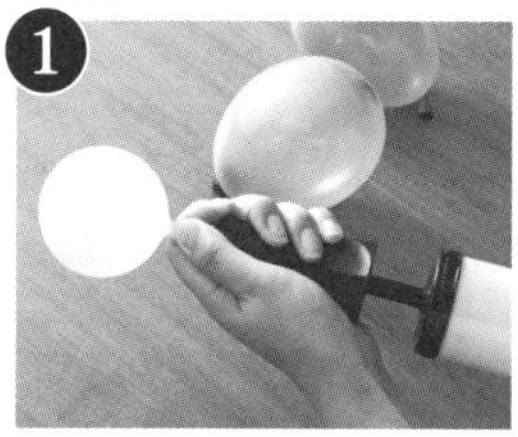
風船用の空気入れで風船をふくらませ、口を結ぶ。

2
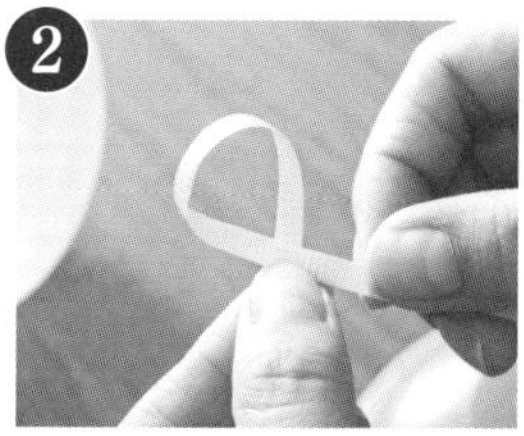
細いリボンを両手に持ち、写真のように交差させる。このとき右手に持ったリボンが上にくるように交差させること。

3
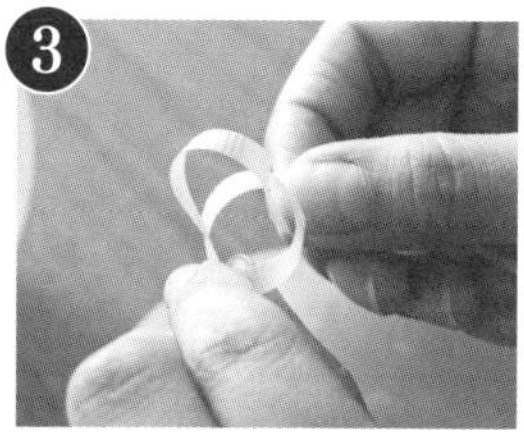
交差させた状態のまま、右手に持ったリボンを②の〝輪〞の中に下から入れる。

4
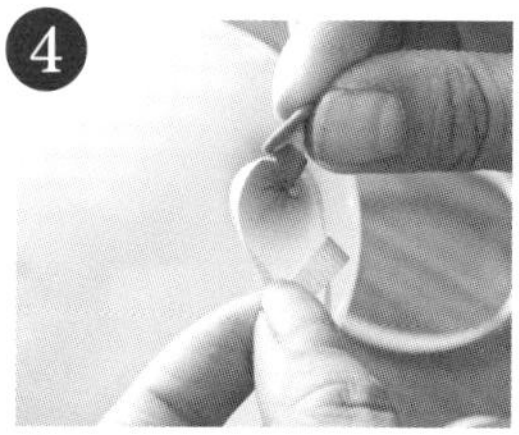
③で下から入れたリボンでできた〝輪〞の中に、風船の結び口を入れる。

5
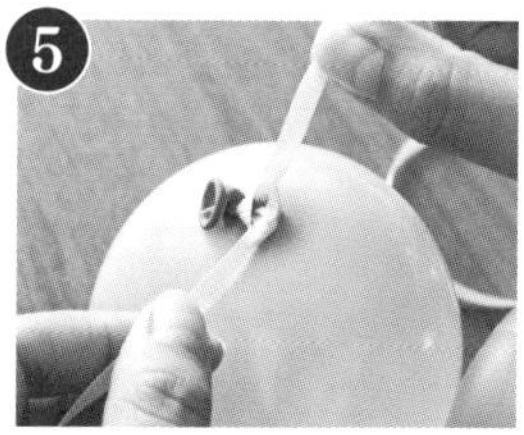
左手に持ったリボンを引っ張り、結ぶ。これを繰り返し、バナーにする。

風船をふくらますときは、専用の道具があると便利。最近では100円ショップでも手に入る。

風船同士をつなぐリボンは、細いものがやりやすい。だからカールリボンはおすすめ。

フラワーボール

■材料
市販のフラワーペーパー
細いリボン
はさみ

お遊戯会や運動会などで使われる〝花紙〞は、1枚1枚薄紙を重ねて作らなくても市販で売られているので、それを利用して。フラワーペーパー（14束入り）105円／ザ・ダイソー

作り方

1
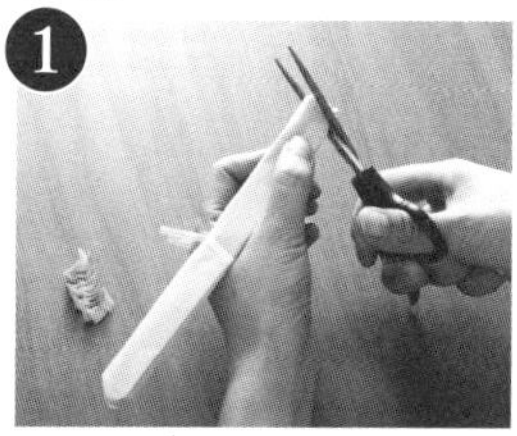
市販のフラワーペーパーの両端を丸く切り取る。こうすることで開いたときに花弁が丸くなり、やさしい形になる。

2

フラワーペーパーを開き、一枚一枚はがして花の形を作る。これを2つ作る。

3
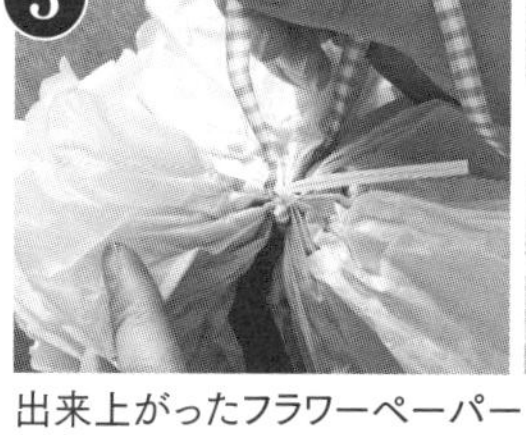
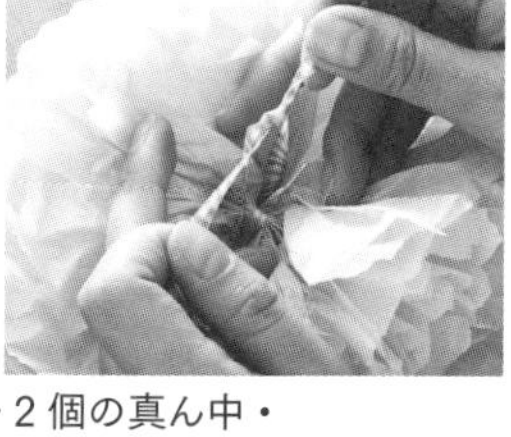
出来上がったフラワーペーパー2個の真ん中・針金部分にリボンを通して結ぶ。壁に貼ったり吊るす場合は、リボンは長めに残す。

4

球形になるように整える。

この3つの飾りは、さまざまなイベント・パーティに使えるので
作り方を覚えておくと便利です。たとえば、輪飾り。
ひな祭りはピンク、ハロウィンは黒とオレンジ、クリスマスは赤……
と画用紙の色を変えるだけで使えるシーンを広げることができます。

輪飾り

■材料
B4サイズの画用紙
5㎜幅の両面テープ
えんぴつ
はさみ

作り方

画用紙を半分に折り、折り目をえんぴつでなぞる。その折り目と直角に3cm幅の線を引いていく。

折り目をつけた中央と上辺のふちに沿って、両面テープを貼る。

余る部分が出るので、はさみで切り落とす。

3cm幅に引いた線に沿って、はさみで切る。

④の短冊状になった画用紙の真ん中を、両面テープを残して切る。

⑤の画用紙の両面テープの保護シートをはがし、輪を作る。もう1つ⑤を通し、つなげてくさり状にしていく。

● 飾るときは……

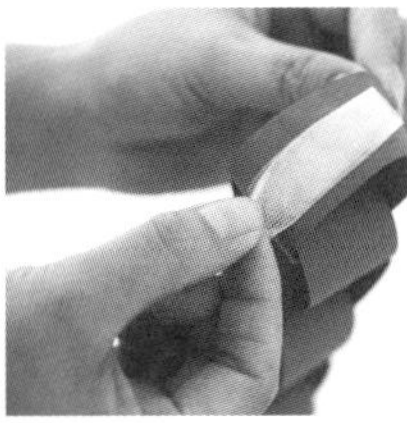

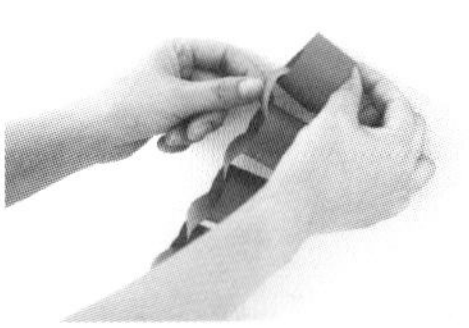

長いくさり状になった輪飾りの、最初と最後の輪に1cm幅の両面テープを貼り、壁にくっつける。

型紙（1）

本書で作った紙工作の型紙を紹介します。
これを家庭用コピー機やコンビニエンスストアなどでコピー、
または拡大コピーして型紙として使用してください。
紙工作があるのとないのとでは、パーティ会場の華やかさが
断然違ってきます。

アルファベット

英字の組み合わせ次第で、どんなバナーや飾りも作れます。本書では6月「ムービーパーティ」と10月「ハロウィンパーティ」で使っていますが、他のイベントにも活用してみてください。

＜使用ページ＞
→38ページ「看板」
→59ページ「英字バナー」
※どちらも800％に拡大コピーして使用。（最大400％の機種の場合／400％にした後、200％でコピーする）

数字

9月「スポーツデーパーティ」で使用。英字同様、数字もあるといくらでも活用できます。イベントの日付を壁に貼ってもポイントになります。

＜使用ページ＞
→55ページ「ピザの表彰台」
※どちらも400％に拡大コピーして使用。

ちょうちょ

4月「イースターパーティ」で使用。原寸大に拡大コピーし、画用紙で型を取り、両面テープで壁に貼れば、会場デコレーションとしても使えます。

＜使用ページ＞
→26ページ「ちょうちょ形の紙」
→26ページ「ピック」
※どちらも原寸大にコピーして使用。

ABCDEFGHIJ
KLMNOPQRS
TUVWXYZ

1234567890

型紙
(2)

ジャック・オー・ランタン

10月「ハロウィンパーティ」で使用。
原寸大に拡大コピーして切り抜き、丸めたガムテープを裏に貼り、ドアや壁に貼ればデコレーションとしても使えます。

＜使用ページ＞
→61ページ「ジャック・ザ・カップ」
※原寸大にコピー、またはスキャナーで読み取って使用。

パーティハット

12月「クリスマスパーティ」で使用。
紙の色を各パーティのテーマカラーに合わせて作れば、どんなパーティにも使えます。

＜使用ページ＞
→73ページ「クリスマスアクティビティのパーティハット」
※135％に拡大コピーして使用。

協力店

- ウイングエース株式会社
  http://www.wingace.com/
- エーワン株式会社　お客様相談室
  03-5687-4140
- CouCou代官山店
  03-3780-4505
- ザ・ダイソー
  082-420-0100
- 株式会社スウィートファクトリージャパン
  03-6277-7351
- NUT2株式会社
  http://www.nut2deco.com
- ボダムジャパン
  http://www.bodum.com/
- 株式会社明治 http://www.meiji.co.jp/
  0120-041-082

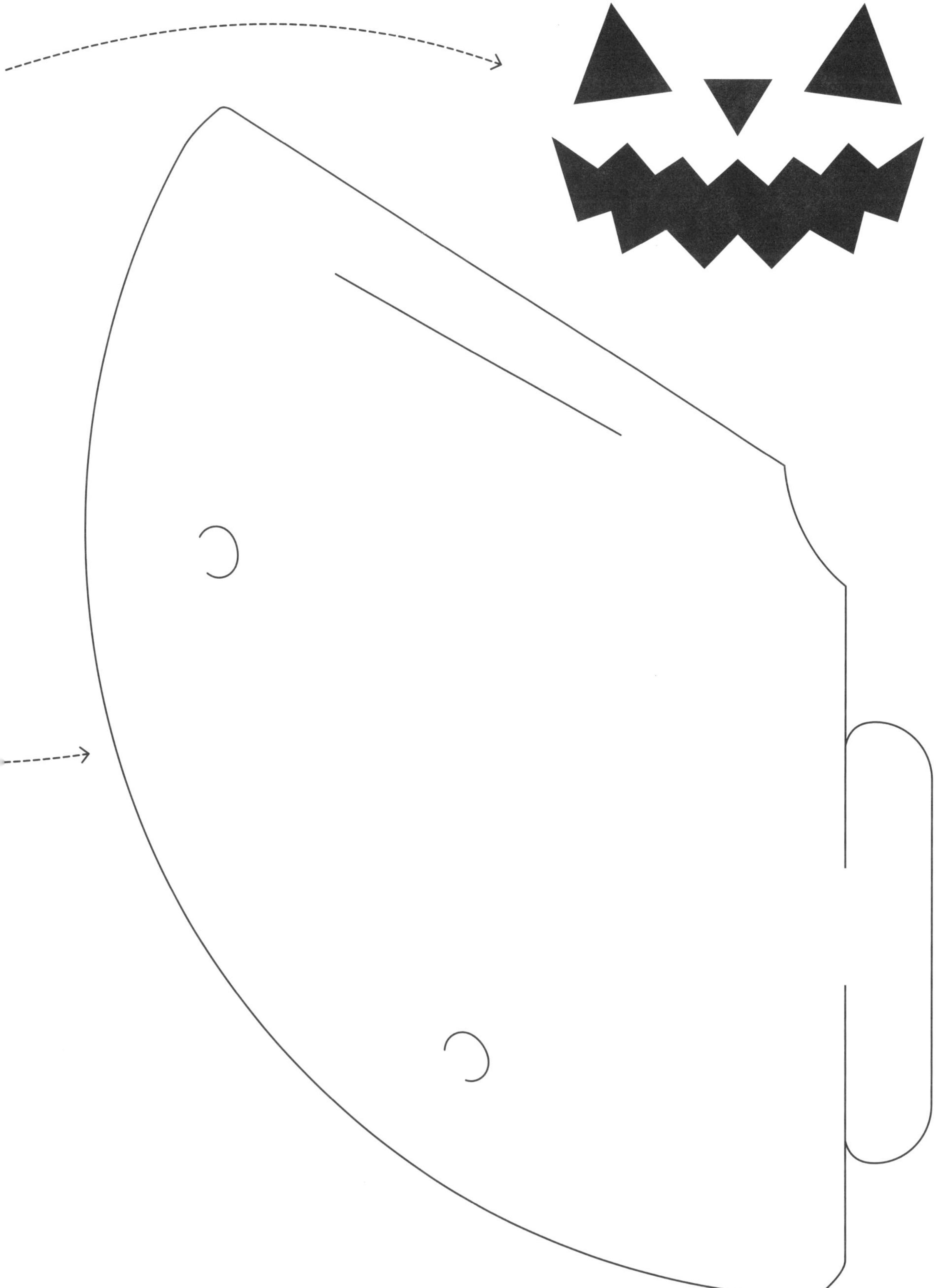

辰元草子（たつもと そうこ）

アニヴァーサリー・プランナー。エコールエミーズプロフェッショナルコースでディプロマを取得後、さまざまな記念日を演出する「ジュワ・エルブ」を主宰。「さまざまなイベントや行事、そして記念日を思い出に残るものに」をコンセプトに数々のパーティをプロデュースする。自身も２人の女の子たちのママであり、〝ママの目線〟で考えた提案が評判を呼ぶ。女性誌などで活躍する傍ら、子どものためのパーティレッスン講座も開講。著書に『簡単なのにセンスがいい！ はじめてのお誕生会』（講談社）、『ポケモン・スイーツ de Happy パーティ』（小学館）がある。

http://www.joie-herbe.com/

講談社の実用BOOK

親子《おやこ》で楽《たの》しむ
12ヵ月《かげつ》のキッズイベント

2013年3月14日　第1刷発行

著者／辰《たつ》元《もと》草《そう》子《こ》
デザイン／高橋 良
撮影／青砥茂樹（本社写真部）
イラスト／ cocoro
企画・編集／児玉響子（Koach & Wong）

撮影協力／松岡由紀乃、渡部洋子
撮影に参加してくれたお友達／大崎 宗一郎くん、大崎 涼之介くん、大藪 千洋ちゃん、岡澤 晴くん、金丸 音采ちゃん、金丸 波玖くん、鶴田 和菜音ちゃん、平野 央くん、松林 翠友ちゃん、森 勇輔くん、森 雪乃ちゃん、山下 陽向くん、山下 凜太郎くん

発行者／鈴木 哲
発行所／株式会社 講談社　〒112-8001 東京都文京区音羽2-12-21
電話／編集部03（5395）3527　販売部03（5395）3625　業務部03（5395）3615
印刷所／日本写真印刷株式会社　製本所／株式会社若林製本工場

ISBN978-4-06-299782-9